职业院校课程改革特色教材（汽车类）

ZHIYE YUANXIAO KECHENG GAIGE TESE JIAOCAI (QICHELEI)

U0680567

汽车电子控制技术
一体化教程

■ 车小平　总主编

陈忠恺　宁斌　主编

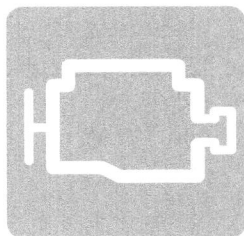

人民邮电出版社

北京

图书在版编目（ＣＩＰ）数据

汽车电子控制技术一体化教程 / 陈忠恺，宁斌主编
. -- 北京：人民邮电出版社，2015.9
职业院校课程改革特色教材. 汽车类
ISBN 978-7-115-39632-7

Ⅰ．①汽… Ⅱ．①陈… ②宁… Ⅲ．①汽车－电子控
制－高等职业教育－教材 Ⅳ．①U463.6

中国版本图书馆CIP数据核字(2015)第173443号

内 容 提 要

本书以培养学生从事汽车维修的技能为核心，主要内容包括起动系统、燃料供给系统、电控发动机的点火系统、电控发动机的辅助控制、电控发动机的新技术等。

本书以工作过程为导向，采用项目教学的方式组织内容，每个项目来源于企业的典型案例。其中有典型电子控制单元（ECU，俗称电脑板）、传感器和执行器的检测方法，维修及更换方法等。每个项目由任务描述、知识准备、任务实施、拓展训练等内容组成。通过学习和训练，学生不仅能够掌握汽车发动机电子控制单元、传感器和执行器的检测方法、更换方法及常见维修方法，而且能够完成汽车电控发动机相关故障的排除等维修技能。

本书可作为中、高等职业技术学院、技工类学校汽车类专业的教学用书，也可供有关技术人员参考、学习、培训之用。

◆ 总 主 编 车小平

主 编 陈忠恺 宁 斌

责任编辑 刘盛平

执行编辑 刘 佳

责任印制 张佳莹 杨林杰

◆ 人民邮电出版社出版发行 北京市丰台区成寿寺路 11 号

邮编 100164 电子邮件 315@ptpress.com.cn

网址 http://www.ptpress.com.cn

北京九州迅驰传媒文化有限公司印刷

◆ 开本：787×1092 1/16

印张：10 2015 年 9 月第 1 版

字数：169 千字 2024 年 7 月北京第 9 次印刷

定价：25.00 元

读者服务热线：(010)81055256 印装质量热线：(010)81055316
反盗版热线：(010)81055315

汽车电子控制技术一体化教程
编委会

总主编　车小平

主　编　宁　斌　陈忠恺

副主编　陈　富　兰婷婷　蔡英富　蒙利武　李建华　周海林

参　编　李云超　李显贵　陆玉馨　颜燮忠　罗应波　陈　锐

　　　　黄　坚　蒙之锐　刘志明　黄影航　刘　健　李素强

　　　　李　联

汽车电子控制技术是汽车维修技师、汽车维修质量检验员等汽车维修人员的专业核心技能，是汽车维修高技能人才必须掌握的技能，也是中、高职汽车类专业的一门核心的课程。

本书以工作过程为导向，以典型工作任务为载体，采用项目教学的方式组织内容，每个项目（任务）都来源于企业的典型案例。主要内容包括起动系统、燃料供给系统、电控发动机的点火系统、电控发动机的辅助控制、电控发动机的新技术等，每个项目由任务描述、知识准备、任务实施、拓展训练等内容组成。同时在知识准备和任务实施两个部分增加了一些小栏目，比如"提示"等。在任务描述部分，给出工作任务或引出工作任务，即完成此工作任务所需要的理论知识和技能；在知识准备部分给出完成该项目必需的知识与技能，包括工作原理、拆装步骤、零部件的检修方法等；在项目实施部分，介绍了各电子控制单元（ECU，俗称电脑板）、传感器和执行器的检测方法，维修及更换方法等。

本教材配有相对应的学生学习手册，学生在完成技能操作后，可以巩固相应的理论知识。每个主要的项目都有考核，教师可以对学生的操作技能及时评价，在教学中就能把教、学、做、考有机地结合在一起；同时配备了学生学习评价表，让学生在老师的指导下完成任务，并给出相应的评价，这样不仅能提高学生主动学习的积极性，同时还能促使教师针对本次教学过程中存在的问题，在下次课程中做出相应的调整，教师的教学能力也得到了相应的提高。

本书的参考学时为96～120，建议采用理论实践一体化教学模式，各项目的参考学时见下面的学时分配表。

学时分配表

项　目	课 程 内 容	学　时
项目一	概述	2～4
项目二	起动系统	14～18
项目三	燃料供给系统	18～22
项目四	电控发动机的点火系统	12～16
项目五	电控发动机的辅助控制	36～42
项目六	电控发动机的新技术	14～18
课时总计		96～120

　　本书由广西物资学校陈忠恺编写和统稿，宁斌编写了项目一。此外，在编写过程中，得到了李显贵、蒋德有的大力支持和帮助，在此深表感谢。

　　由于时间仓促，编者水平和经验有限，书中难免有欠妥和不足之处，恳请读者批评指正。

编者

2015 年 3 月

目 录

CONTENTS

知识目标：

◎ 了解电控发动机的发展史。

◎ 了解电控发动机的定义、组成、任务。

◎ 了解电控发动机的优点及分类。

能力目标：

◎ 能正确指出各执行器的位置。

任务描述

随着电子科技的快速发展及在汽车上的应用，汽车发动机完成了由化油器向电子控制的转变，一些化油器难以完成的任务在电控发动机上就能很轻松地实现。例如：使可燃混合气的空燃比浓度能控制在所需要的范围内。本项目主要介绍电控发动机的发展史、组成及工作原理等知识。

知识准备

一、电控发动机发展史

汽车电子技术的发展及其大规模地应用是从 20 世纪 70 年代末开始的，从 20 世纪 70 年代到 80 年代，大致经历了 3 个发展阶段。

第一个发展阶段为 1971 年以前，开始生产技术起点较低的交流发电机、电压调节器、电子闪光器、电子喇叭、间歇刮水装置、汽车收音机、电子点火装置和数字钟等。

1967 年，博世公司开发 D 型电控燃油喷射系统，汽油发动机电控系统经历了由模拟到数字、简单到复杂、单一到综合的发展历程。

1973 年，美国通用汽车开发 IC 电子点火装置。

第二个发展阶段为 1974～1982 年，以集成电路和 16 位以下的微处理器在汽车上的应用为标志。主要包括电子燃油喷射、自动门锁、程控驾驶、高速警告系统、自动灯光系统、自动除霜控制、防抱死（ABS）系统、车辆导向、撞车预警传感器、电子正时、电子变速器、闭环排气控制、自动巡航控制、防盗系统、实车故障诊断等电子产品。这期间最具代表性的是电子汽油喷射技术的发展和防抱死技术的成熟，这使汽车的主要机械功能用电子技术来控制。但是，在此阶段机械与电器的联姿并不十分理想。

1974 年，通用装备高能点火系统。

1976 年，美国克莱斯勒公司首先用模拟计算机控制点火时刻，但因价格贵、性能差而未能普及。

1966 年，第一部汽车排放法在美国加利福尼亚颁布。

1971 年，世界能源危机，推动了汽车电子快速发展。

1977 年，通用开发了中央处理器控制的数字点火系统，能准确控制点火时刻，提高发动机功率和燃烧效率，大幅降低排气中的有害成分。

第三个发展阶段为 1982～1990 年，微电脑在汽车上的应用日趋可靠和成熟，并向智能化方向发展。开发的产品有胎压控制、数字式油压计、防睡器、牵引力控制、全轮转向控制、直视仪表板、声音合成与识别器、电子负荷调节器、电子道路监视器、蜂窝式电话、可热式挡风玻璃、倒车示警、高速限制器、自动后视镜系统、道路状况指示器、电子冷却控制和寄生功率控制等。

从 2005 年开始，可以说进入了汽车电子技术的第四个发展阶段。微波系统、多路传输系统、ASKS-32 位微处理器、数字信号处理方式的应用，使通信与导向协调系统、自动防撞系统、动力最优化系统、自动驾驶与电子地图技术得到发展，特别是智能化汽车的出现。例如，德国宝马(BMW)汽车公司在其 3 系、5 系、7 系中广泛使用 K-CAN、F-CAN、PT-CAN、Byteflight、MOST 等网络技术，极大地提高了车辆的技术水准。

车载网络系统的大量应用将是今后汽车电子控制技术的发展趋势之一。

我国电子控制汽油喷射技术起步较晚，但汽油喷射代替化油器已成必然，而且电控汽油喷射系统在各方面都有着极大的优越性。20 世纪 70 到 80 年代得到了迅速发展。在 2010 年加入 WTO 世贸组织后我国新生产的轿车、轻型车和微型车都相继装备了电子控制汽油喷射发动机。

目前，国外汽车上应用较多、较为成熟的电子控制装置大致可分为四个方面：

1. 仪表通信

仪表通信类的应用主要有电子钟、电子油耗表、电子温度计、电子车速里程表、电子转速表、旅程计算器、燃料消耗计、电子定时、电子化图示仪表盘、电话及其通信装置、各种报警（灯丝切断，排气温度，水面，液面，未关门，未系安全带等）。仪表通信类即将采用的新技术主要有大型电子化薄式仪表盘、多路信息传输、光纤通信传输、惯性导航、卫星导航、屏幕显示街道图及交通阻塞状况图、多功能综合屏幕显示等。

2. 发动机及传动系

发动机及传动系已经采用的技术主要有交流发电机的整流及集成调节器、电子点火（全晶体管式，集成式，无触点分电器式，一体化点火线圈式）、点火正时控制、废气再循环控制（传感器）、燃油喷射电子控制、电子控制化油器、柴油机最佳参数电子控制（喷射，进气，正时等）、发动机最佳参数电子控制（空燃比，点火，废气再循环，怠速，爆燃控制，喷射控制等）、车速自动控制、柴油机起动控制、增压器自动控制、变速器电子控制、离合器电子控制、冷却系电子控制、冷起动控制、换挡提示器、发动机停缸控制、车速感应的动力转向装置等。

发动机及传动系即将采用的新技术主要有发动机气缸电子控制、发动机和传动系综合控制、无级变速和自适应速度控制、热电变换、蓄电池容量余值显示、自动巡航系统、电子控制消声器、电子控制动力转向等。

3. 安全方面

安全方面已经采用的技术主要有电子防抱制动控制、驱动防滑控制装置、电子主动悬架控制、电子控制四轮转向系统、安全气囊自控装置、刮水器自动控制、速度控制（限速与恒速）、车窗自动控制、轮胎气压报警、防盗报警、防撞车间距报警、未系安全带报警、安全带自动锁紧控制、明暗灯光控制、冲撞记录仪、前大灯控制、后视镜控制、电子门锁等。

安全方面即将采用的技术主要有路面状态显示、防碰撞自动控制、死角处障碍物报警、安全雷达、制动管路故障应急制动、睡眠检测报警、司机突病时自控、电子操纵紧急制动、酒醉检测安全自控、后视摄像及屏幕显示、声音合成报警系统、故障预警提示系统、倒车测距系统等。

4. 舒适性方面

舒适性方面已经采用的技术主要有空调自动控制、座椅自动调整、自动照明、红外线控制车门开关、车窗及车门自动开关（声控）、高级立体音响、无线电调谐自动预选、无钥匙开车、车用电视机及音响等。

舒适性方面即将采用的技术主要有全自动空调（温度、湿度、清洁度、含氧量）系统、道路交通信息指示表、行驶路线最优化选择控制、声控驾驶等。

二、电控发动机的优点

（1）在各种运行工况下都能提供给发动机最合适的混合气浓度，使发动机在各种工况下都能保持最佳的动力性、经济性、加速性和排放性能。

（2）增大燃油的喷射压力，使各缸的燃油分配比较均匀，有利于提高发动机运转的稳定性。

（3）针对大气压力或外界环境温度变化引起的空气密度的变化，ＥＣＭ及时准确地作出补偿和调整。

（4）在汽车加、减速行驶的过渡运转阶段，燃油控制系统能够迅速地作出反应，使汽车加、减速运行性能更加良好。

（5）具有减速断油功能，既能降低排放，也能节省燃油。

（6）在进气系统中，通过对进气管道的合理设计，使之能够充分利用吸入空气惯性的增压作用，增大充气量，提高发动机的有效功率，增加发动机的动力性。

（7）在发动机起动时，能使发动机顺利实现暖机运转，发动机起动容易，且暖机性能也得到了提高。

三、电控发动机的组成及工作原理

1. 电控发动机的定义

利用电子控制单元（ECU，俗称电脑板）对发动机的喷油、点火、怠速、进气、排气进行控制的发动机。

2. 电控发动机的组成

电控发动机由电子控制单元、传感器和执行器组成，如图 1-1 所示。

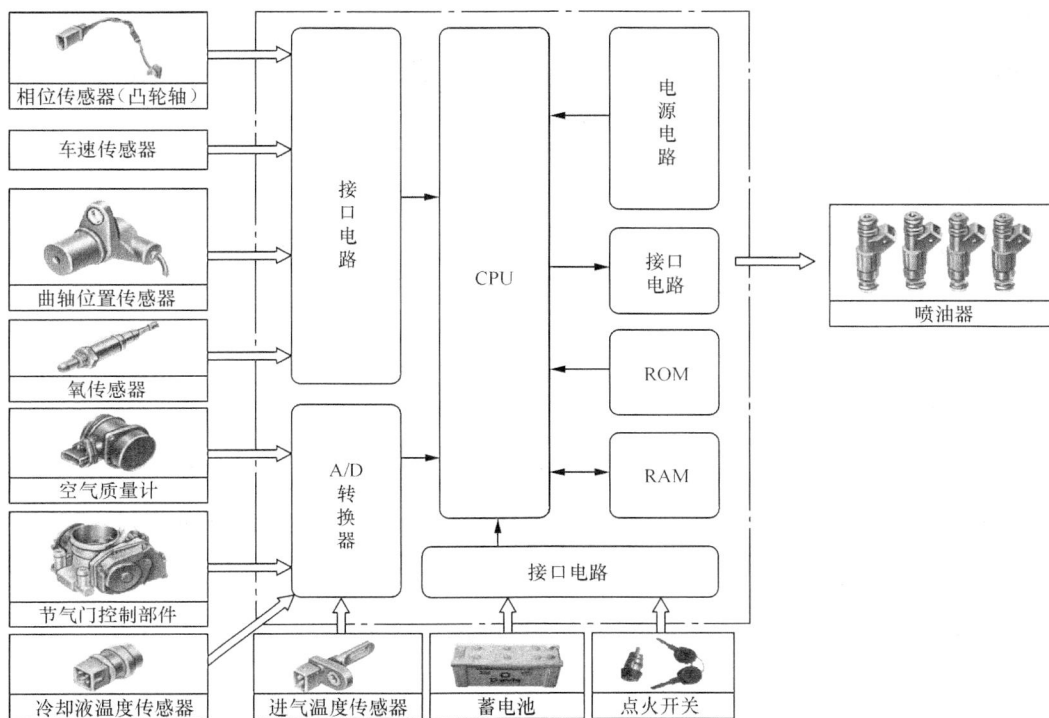

图 1-1　电控发动机的组成

电子控制单元

电控单元是发动机电子控制系统的核心。它完成发动机各种参数的采集和喷油量、喷油定时的控制，决定整个电控系统的功能。如给各传感器提供参考电压，接受传感器信号，进行存储、计算和分析处理后给执行器发出指令。

ECU 是一种综合装置，它具备的基本功能如下：

（1）接收传感器或其他装置输入的信息，给传感器提供参考电压；将输入的信息转变为微机所能接受的信号。

（2）存储、计算、分析处理信息，计算出输出值所用的程序，存储该车型的特点参数，存储运算中的数据，存储故障信息。

（3）运算分析，根据信息参数求出执行命令值，将输出的信息与标准值对比，查出故障。

（4）输出执行命令，把弱信号变为强的执行命令，输出故障信息。

（5）自我修正功能。

传感器

传感器(Sensor)将发动机工况与环境的信息通过各种信号即时、真实地传递到 ECU。所以，传感器信息的准确性、再现性与即时性就直接决定控制的好坏。

执行器

电控系统要完成各种控制功能，是靠各种执行器来实现的。在控制过程中，执行器将 ECU 传来的控制信号转换成某种机械运动或电器运动，从而引起发动机运行参数的改变，完成控制功能。

工作原理

电控燃油喷射系统以电子控制单元为控制中心，利用安装在发动机和车辆不同部位上的各种传感器，测得发动机的各种工作参数，通过已设定的控制程序和数据，控制喷油泵精确地控制喷油时刻，从而得到最佳的喷油量和喷油正时或点火定时，使发动机在各种工况下都能获得最佳的喷油和点火时刻，满足输出扭矩，低油耗和保证排放的要求，如图 1-2 所示。

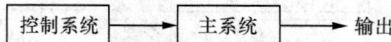

图 1-2　控制原理

四、电控发动机的分类

电喷系统发展至今，已有多种类型。根据其结构特点分为以下几种类型。

1. 按系统控制模式分类

在发动机电喷控制系统中，按系统控制模式可分为开环控制和闭环控制两种类型。

（1）开环控制。开环控制就是把根据试验确定的发动机在各种运行工况下所对应的最佳供油量的数据事先存入计算机中，发动机在实际运行过程中，主要根据各个传感器的输入信号，判断发动机所处的运行工况，再找出最佳供油量，并发出控制信号。

控制信号经功率放大器放大后，再驱动电磁喷油器动作，由此控制混合气的空燃比，使发动机处于最佳运行状态。

开环控制系统不带氧传感器等反馈传感器，只受发动机运行工况参数变化的控制，且按事先设定在计算机 ROM 中的试验数据流工作。其优点是简单易行，缺点是其精度直接依赖于所设定基准数据的精度和电磁喷油器调整标定的精度。当喷油器及传感器系统电子产品性能变化时，混合气就不能准确地保持在预定的空燃比值上。因此，它对发动机及控制系统的各个组成部分的精度要求高，系统本身抗干扰能力较差，而且当使用工况超出预定范围时，就不能实现最佳控制。

（2）闭环控制。闭环控制系统又称为反馈控制系统，其特点是加入了反馈传感器，输出反馈信号，反馈给控制器，以随时修正控制信号，图1-3所示。

闭环控制系统在排气管上加装了氧传感器，可根据排气管中氧含量的变化，测出发动机燃烧室内混合气的空燃比，并把它输入计算机中再与设定的目标空燃比进行比较，将偏差信号经功率放大器放大后再驱动电磁喷油器喷油，使空燃比保持在设定的目标值附近。因此，闭环控制可达到较高的空燃比控制精度，并可消除因产品差异和磨损等因素引起的性能变化对空燃比的影响，工作稳定性好，抗干扰能力强。闭环控制的原理如图1-3所示。

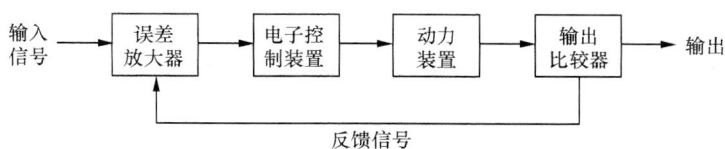

图1-3 闭环控制系统原理图

采用闭环控制的燃油喷射系统后，可保证发动机在理论空燃比(14.7)附近很窄的范围内波动，使三元催化转换装置对排气的净化处理达到最佳效果，如图1-4所示。由于发动机某些特殊运行工况(如起动、暖机、加速、怠速、满负荷等)需要控制系统提供较浓的混合气来保证发动机的各种性能，所以在现代汽车发动机电子控制系统中，通常采用开环与闭环相结合的控制方式。

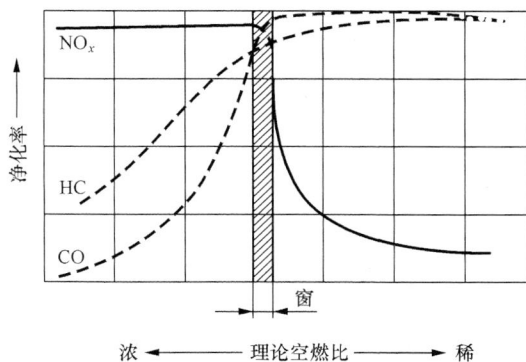

图1-4 空燃比控制图

2. 按喷油实现的方式分类

在发动机电子控制系统中，按喷油实现的方式进行分类，可分为机械式、机电混合式和电子控制式三种燃油喷射系统。

（1）机械式燃油喷射系统（K 系统）。德国博世公司的 K-Jectronic 系统属于机械式燃油喷射系统，简称 K 系统。该系统在柴油机中应用时间较长，在汽油机中应用较少。该系统采用连续喷射方式，可分为单点或多点喷射，其喷油量是通过空气计量板直接控制燃油流量调节柱塞来控制的，采用的是机械式计量方式，故由此得名。该系统中设有冷起动喷油器、暖车调节器、空气阀及全负荷加浓器等装置，以便根据不同工况对基本喷油量进行修正。

（2）机电混合式燃油喷射系统（KE 系统）。德国博世公司的 KE-Jectronic 系统属于该类型，可简称 KE 系统。它是在 K 式的基础上改进后的产品。其特点是增加了一个电子控制单元。ECU 可根据水温、节气门位置等传感器的输入信号来控制电液式压差调节器的动作，以此实现对不同工况下的空燃比进行修正的目的。

（3）电子控制式燃油喷射系统（E 系统）。燃油的计量通过电控单元和电磁喷油器来实现。该系统采用了全电子控制方式，即电子控制单元通过各种传感器来检测发动机运行参数（包括发动机的进气量、转速、负荷、温度、排气中的氧含量等）的变化，再由ECU 根据输入信号和数学模型来确定所需的燃油喷射量，并通过控制喷油器的开启时间来控制喷入气缸内的每循环喷油量，进而达到对气缸内可燃混合气的空燃比进行精确配制的目的。

3. 按喷油器数目分类

在发动机燃油喷射控制系统中，按喷油器数目可分为单点喷射（Single-Point Injection，SPI）和多点喷射（Multi-Point Injection，MPI）两种形式，如图 1-5 所示。

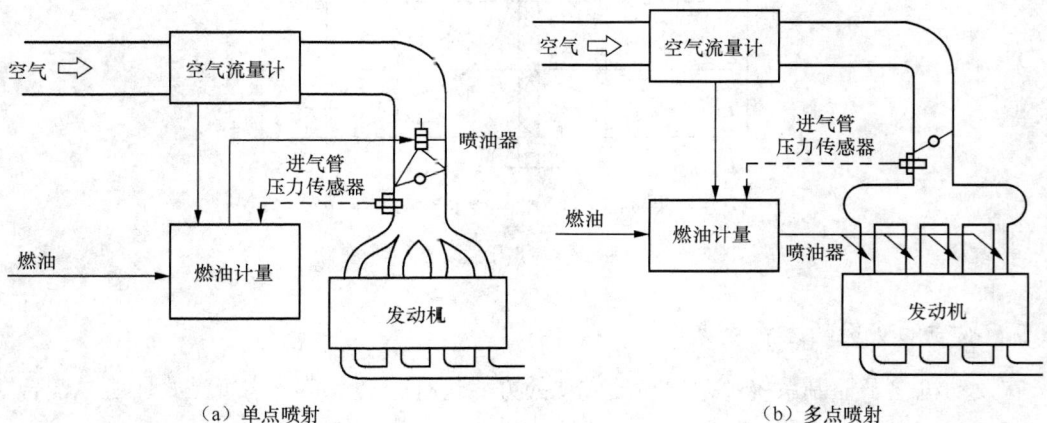

图 1-5　燃油喷射形式

（1）单点喷射。

在节气门上安装一个中央喷射器，由 1～2 个喷油器集中喷油。也在这里和进气流形成混合气。又称为节气门体喷射（TBI）或中央喷射（CFI）。在每一个气缸进气行程开始喷油，采用顺序喷油方式，也称独立喷油方式。可以使每个气缸的喷油量尽可能一样，要求的油压也比较低。

（2）多点喷射。

多点喷射系统是在每个气缸进气口处装有一只喷油器，由电控单元控制顺序地进行分缸单独喷射或分组喷射，汽油直接喷射到各缸的进气门前方，再与空气一起进入气缸形成混合气。

多点燃油喷射避免了进气重叠，使得燃油分配均匀性较好，从而提高了发动机的综合性能。同时，由于它的控制更为精确，使发动机无论处于何种状态，其过渡过程的响应及燃油经济性都是最佳的，是目前使用最多的喷射方式。

4. 按喷油器的喷射方式分类

在发动机电子控制系统中，按喷油器的喷射方式可分为连续喷射和间歇喷射两种形式。

（1）连续喷射方式。

喷油器稳定连续地喷油，其流量与进入气缸的空气量成正比，故又称为稳定喷射。在连续喷射系统中，汽油被连续不断地喷入进气歧管内，并在进气管内蒸发后形成可燃混合气，再被吸入气缸内。由于连续喷射系统不必考虑发动机的工作时序，故控制系统结构较为简单。德国博世公司的 K 系统和 KE 系统均采用了连续喷射方式。

（2）间歇喷射方式。

间歇喷射系统是指发动机运转期间，喷油器间歇喷射燃油的控制系统，又称为脉冲喷射或同步喷射。其特点是喷油频率与发动机转速同步，喷油量只取决于喷油器的开启时间（喷油脉冲宽度）。因此，ECU 可根据各种传感器所获得的发动机运行参数动态变化的情况，精确计量出发动机所需喷油量，再通过控制喷油脉冲宽度来控制发动机在各种工况下的可燃混合气的空燃比。

由于间歇喷射方式的控制精度较高，故被现代发动机集中控制系统广泛采用。如国产桑塔纳 2000GLI、2000GSI、捷达 GT、GTX 型轿车等。

间歇喷射系统根据喷射时序的不同又分为同时喷射、顺序喷射和分组喷射，如图 1-6 所示。

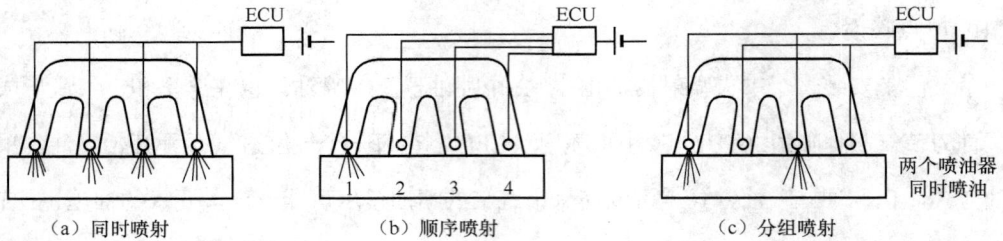

（a）同时喷射　　　　　　（b）顺序喷射　　　　　　（c）分组喷射

图 1-6　间歇喷射系统分类图

① 同时喷射。

通常将一次燃烧所需要的汽油量按发动机每工作循环分两次进行喷射。即各缸喷油器并联，发动机运转时，所有喷油器都由 ECU 控制同时喷油、同时断油。这种喷油方式性能较差，各缸喷油时刻都不是最佳的，仅在少数发动机上使用。

② 分组喷射。

分组喷射一般是把所有气缸的喷油器分成 2～4 组。4 缸发动机一般把喷油器分成两组，ECU 分别控制两组喷油器交替喷射。在每一工作循环中，各喷油器均喷油一次，同一组的喷油器同时喷油或断油。比如五菱 B 系列发动机 4 个气缸分成两组，1 缸和 4 缸一组，2 缸和 3 缸一组，一组的两个喷油器同时都喷油或断油。

③ 顺序喷射。

顺序喷射则是指喷油器按发动机各缸的工作顺序依次进行喷射。顺序喷射是缸内喷射和进气管喷射都可采用的喷射方式。相比而言，由于顺序喷射方式可在最佳喷油情况下，定时向各缸喷射所需的喷油量，故有利于改善发动机的燃油经济性。

5. 按喷油器的喷射部位分类

在发动机电子控制系统中，按喷油器的喷射部位进行分类，又可分为缸内直接喷射和缸外喷射两种形式。

（1）缸内喷射。

缸内直喷技术，是指将喷油嘴设置在进、排气门之间，高压燃油直接注入燃烧室平顺高效地燃烧。缸内直喷所宣扬的是通过均匀燃烧和分层燃烧实现了高负荷尤其是低负荷下的燃油消耗降低，动力还有提升的一种技术。

缸内直喷又称 FSI（Fuel Stratified Injection），即燃料分层喷射技术，如图 1-7 所示，它代表着传统汽油引擎的一个发展方向。传统的汽油发动机是通过电脑采集凸轮位置以及发动机各相关工况从而控制喷油嘴将汽油喷入进气歧管。但由于喷油嘴离燃烧室有一定的距离，汽油同空气的混合情况受进气气流和气门开关的影响较大，并且微小的油颗粒会吸附在管道壁上，所以希望喷油嘴能够直接将燃油喷入气缸。

在2000年到2013年各汽车厂商采用的发动机科技中，最炙手可热的技术非缸内直喷莫属。缸内直喷技术目前还是代表一种趋势，大量使用在包含大众（含奥迪）、宝马、梅赛德斯-奔驰、通用、福特、丰田车系及国产车系上。

各厂商缸内直喷技术英文缩写，大众：TSI（其中 T 代表涡轮增压）、奥迪：TFSI/FSI、梅赛德斯-奔驰：CGI、宝马：GDI、通用：SIDI、福特：GDI、比亚迪：TI。

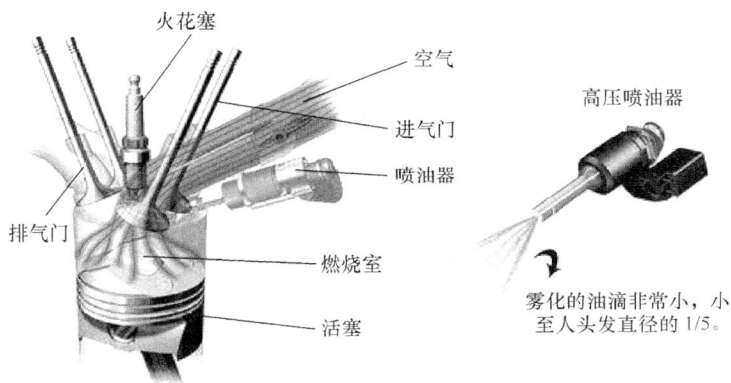

图 1-7　缸内直喷原理示意图

（2）缸外喷射。

目前汽车大多数都是缸外喷射，即在进气歧管喷油行程混合器。按照喷油器的数目，缸外喷射还可以分为单点喷射（SPI）和多点喷射（MPI）。相比而言，由于缸外喷射方式汽油的喷油压力（0.1～0.5MPa）不高，且结构简单，成本较低，故目前应用较为广泛。

6. 按进气量检测方式分类

在发动机电子控制系统中，根据空气进气量的检测方式，可分为直接检测方式和间接检测方式两种。

直接检测方式称为质量-流量（Mass-Flow）方式（如 K 型、KE 型、L 型、LH 型等），间接检测方式又可分为速度-密度（Speed-Density）方式（如 D 型）和节气门-速度（Throttle-Speed）方式。

（1）D 型电控燃油喷射系统。

D 型 EFI 系统是通过检测进气歧管的压力（真空度）和发动机的转速，推算发动机吸入的空气量，并计算燃油流量的速度的。D 是德文"压力"一词的第一个字母。D 型 EFI 系统是最早的、典型的多点压力感应式喷射系统。美国的通用、福特和克莱斯勒，日本的丰田、本田、铃木和大发等各主要汽车公司，都有类似的产品。由于空气在进气管内的压力波动，故该方法的测量精度稍差。

（2）L 型电控燃油喷射系统。

L 是德文"空气"一词的第一个字母。L 型 EFI 系统是用空气流量计直接测量发动机吸入的空气量，其测量的准确程度高于 D 型，故可更精确地控制空燃比。

常用的空气流量计有以下几种：

① 叶片式空气流量计（测量体积流量）或称为翼板式空气流量计；

② 卡门旋涡式空气流量计（测量体积流量）；

③ 热线式空气流量计（测量质量流量）；

④ 热膜式空气流量计（测量质量流量）。

D、L 型系统均采用多点间歇脉冲喷射方式，采用这两种系统的发动机可获得良好的综合性能，目前，在汽油发动机上得到广泛应用。

任务实施

指出五菱 B 系列发动机电控元件的位置。

一、传感器类

1. 进气温度传感器安装位置

进气温度传感器安装位置如图 1-8 所示。

图 1-8　进气温度传感器安装位置

2. 节气门位置传感器安装位置

节气门位置传感器安装位置如图 1-9 所示。

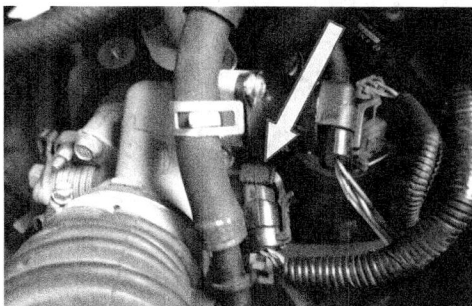

图 1-9　节气门位置传感器安装位置

3. 进气压力传感器安装位置

进气压力传感器安装位置如图 1-10 所示。

图 1-10　进气压力传感器安装位置

4. 水温传感器安装位置

水温传感器安装位置如图 1-11 所示。

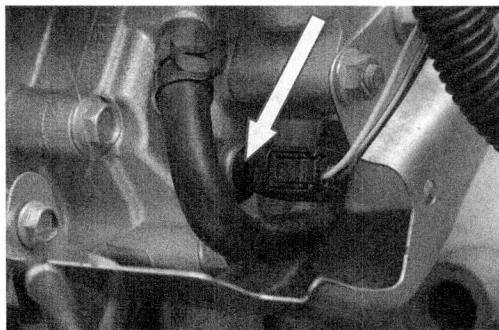

图 1-11　水温传感器安装位置

5. 曲轴位置传感器安装位置

曲轴位置传感器安装位置如图 1-12 所示。

（a）曲轴位置传感器安装图　　　　　　　　（b）连接变速器处

图 1-12　曲轴位置传感器安装位置

6. 凸轮轴位置传感器安装位置

凸轮轴位置传感器安装位置及实物图如图 1-13 所示。

（a）安装位置　　　　　　　　　　　　　（b）实物

图 1-13　凸轮轴位置传感器安装位置及实物图

7. 氧传感器安装位置

氧传感器安装位置如图 1-14 所示。

图 1-14　氧传感器安装位置

8. 爆震传感器安装位置

爆震传感器安装位置如图 1-15 所示。

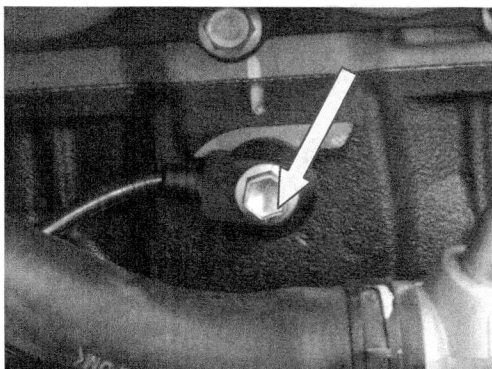

图 1-15　爆震传感器安装位置

二、执行器类

1. 油泵

油泵实物图如图 1-16 所示。

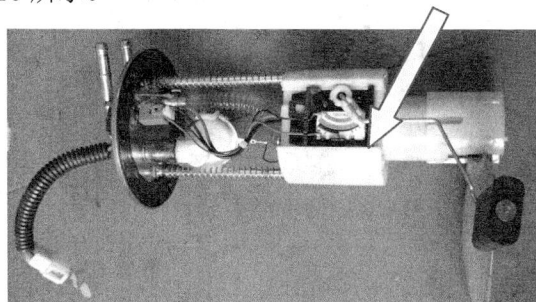

图 1-16　油泵

2. 喷油器

喷油器安装位置及实物图如图 1-17 所示。

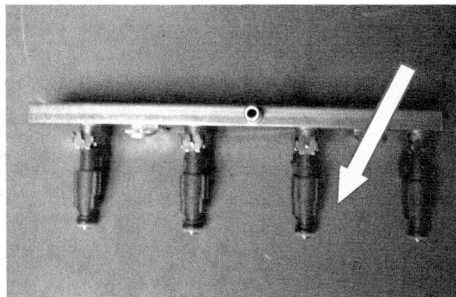

（a）安装位置　　　　　　　　　　　　（b）喷油器实物

图 1-17　喷油器安装位置及实物图

3. 汽油滤清器安装位置

汽油滤清器安装位置如图 1-18 所示。

图 1-18　汽油滤清器安装位置

4. 点火器控制模块安装位置

点火器控制模块安装位置如图 1-19 所示。

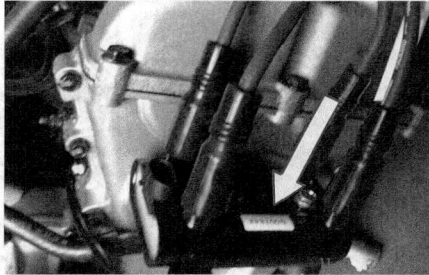

图 1-19　点火器控制模块安装位置

5. 炭罐电磁阀安装位置

炭罐电磁阀安装位置如图 1-20 所示。

图 1-20　炭罐电磁阀安装位置

6. 怠速步进电机安装位置

怠速步进电机安装位置如图 1-21 所示。

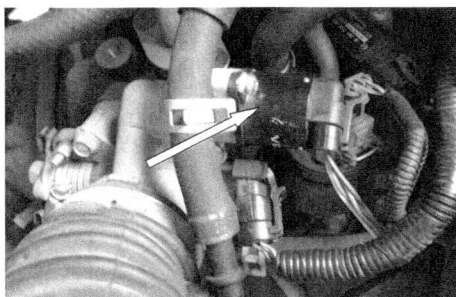

图 1-21　怠速步进电机安装位置

7. 可变进气控制电磁阀安装位置

可变进气控制电磁阀安装位置如图 1-22 所示。

（a）安装位置 1　　　　　　　　　　（b）安装位置 2

图 1-22　可变进气控制电磁阀安装位置

8. 废气再循环控制电磁阀（EGR）安装位置

废气再循环控制电磁阀安装位置及实物图如图 1-23 所示。

（a）安装位置　　　　　　　　　　（b）实物

图 1-23　废气再循环控制电磁阀安装位置及实物图

三、其他电气

1. 发电机安装位置

发动机安装位置如图 1-24 所示。

图 1-24　发动机安装位置

2. 起动机安装位置

起动机安装位置如图 1-25 所示。

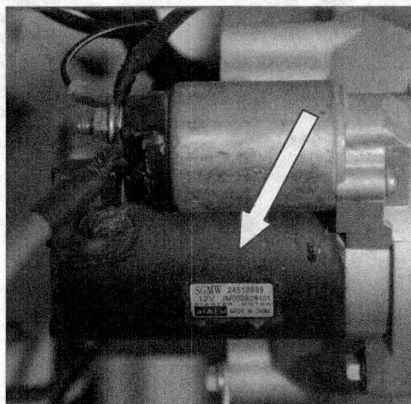

图 1-25　起动机安装位置

技能训练

在车上指出各传感器、执行器及发动机、起动机的安装位置

2 起动系统

知识目标：

◎ 了解起动系统的基本结构组成。

◎ 能正确描述起动防盗系统的基本原理。

◎ 能正确理解起动信号的作用。

◎ 能正确理解制动信号与离合器信号的作用。

能力目标：

◎ 掌握防盗系统检测的基本方法。

◎ 掌握起动信号检测的基本方法。

◎ 掌握制动信号与离合器信号检测的基本方法。

任务二 起动系统的构造与检修

任务描述

汽车要能正常起动，除了起动系统提供外力使发动机起动外，油路、电路、点火正时等各个条件要求还必须满足要求。所以，该项目将介绍有关汽车正常起动的各条件，如起动防盗系统、起动信号的作用与检测、制动信号与离合器开关信号的作用与检测。

知识准备

一、起动系统概述

（1）目前几乎所有的汽车发动机都采用电力起动机起动。当电动机轴上的驱动齿轮与发动机飞轮周缘上的环齿啮合时，电动机旋转时产生的电磁转矩通过飞轮传递给发动机的曲轴，使发动机起动。电力起动机简称起动机。它以蓄电池为电源，结构简单、操作方便、起动迅速可靠。

（2）起动系统由蓄电池、起动机、起动继电器、点火开关等组成，如图 2-1 所示。

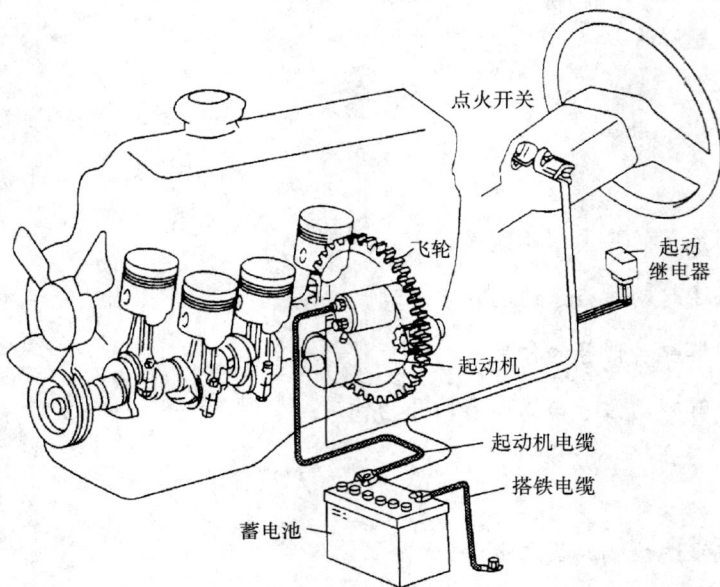

图 2-1　起动系统组成图

二、起动防盗系统

由于汽车门锁具有一定的互开率，降低了汽车的防盗功能，因此人们开发了起动机防盗锁止系统。对于已装有发动机防盗锁止系统的轿车，即使盗车贼能打开车门也无法开走轿车。

1. 工作原理

发动机防盗锁止系统是对发动机安装的一套防盗系统，因此即使盗车贼能打开车门也无法开走轿车。典型的发动机防盗锁止系统是这样工作的：汽车点火钥匙内装有电子芯片，每个芯片内都装有固定的 ID（相当于身份识别号码），如图 2-2 所示。只有钥匙芯片的 ID 与发动机一侧的 ID 一致时，汽车才能起动。相反，如果不一致，汽车就会马上自动切断电路，使发动机无法起动。

将钥匙插入点火开关锁芯中并旋转至"ON"位置时，如果密码验证成功，则警告灯处于熄灭状态，允许发动机起动；如果密码验证失败，则警告灯将保持 2s 点亮 1 次的频率进行闪烁。当车辆处于无人锁门状态时，电子防盗系统处于睡眠模式，警告灯将保持 5s 点亮 1 次的频率进行闪烁。

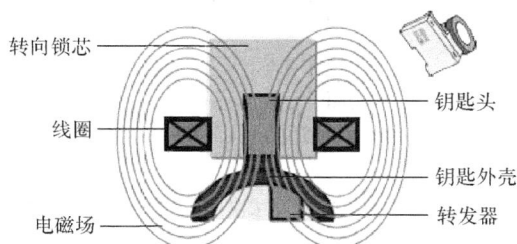

图 2-2 起动防盗系统工作原理图

2. 组成

起动防盗系统由防盗 ECU、故障警告灯、读识线圈（天线）、带脉冲转发器的点火钥匙（送码器）、发动机 ECU 组成，如图 2-3 所示。

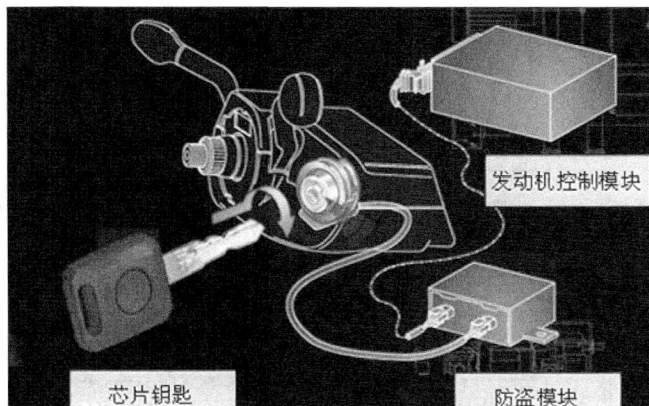

图 2-3 起动防盗系统组成图

三、起动开关信号的作用

起动信号（STA）用来判断发动机是否处于起动状态。在起动时，进气管内混合气流速慢、温度低、燃油雾化差。为了改善起动性能，在起动发动机时必须使混合气加浓。ECU 利用 STA 信号，确认发动机处于起动状态，自动增加喷油量。STA 信号和起动机的电源连在一起，如图 2-4 所示。

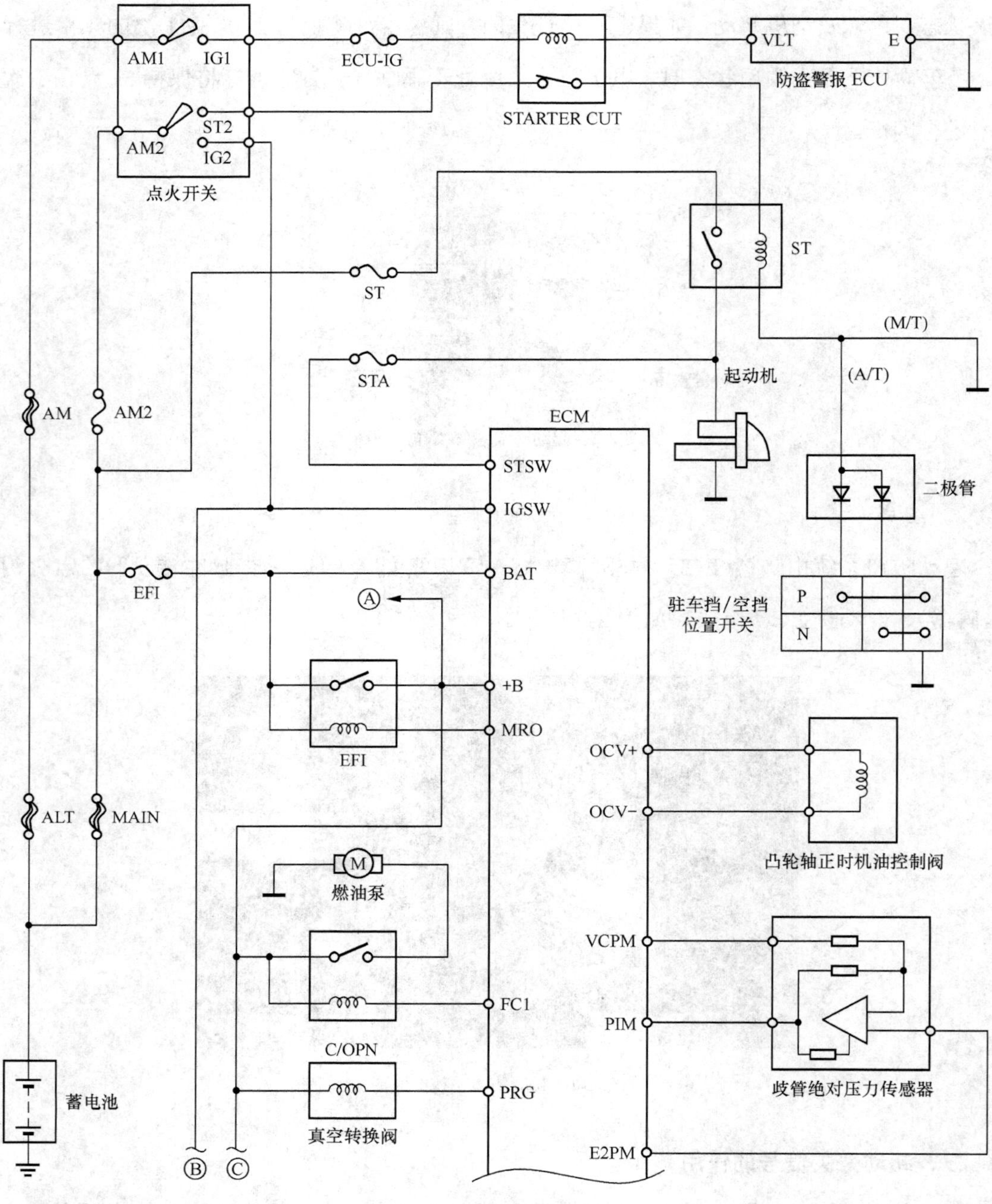

图 2-4　起动开关信号电路图

四、制动开关信号与离合器开关信号的作用与检测

1. 制动开关信号

汽车制动时向电脑输出制动信号。电脑根据输入的制动信号修正喷油量及点火提前角、电控自动变速器等控制信号，如图 2-5 所示。

2. 离合器开关信号

在离合器接合和分离过程中，由离合器开关向电脑输入离合器工况状态信号，电脑将按最佳接合控制修正喷油量及点火提前角，产生转矩变化以使汽车变速时产生最小冲击，如图 2-5 所示。

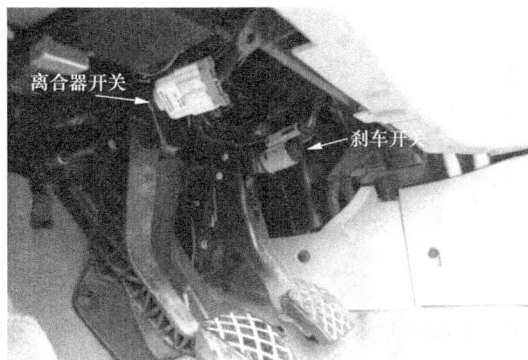

图 2-5　制动开关、离合器开关位置图

知识拓展

1. 空调开关信号

空调开关信号用于检测空调压缩机是否在工作，电脑的空调开关信号输入端与空调压缩机电磁离合器的电源接在一起，电脑可根据空调信号控制发动机的怠速油量和怠速点火提前角。

2. 空挡起动开关信号

装有电控自动变速器的汽车中电脑用这个信号判断电控自动变速器是处于停车、空挡还是处于行使状态，以实现起动和怠速控制。

3. 挡位开关

电控自动变速器由 P/N 挡挂入其他挡位时，发动机负荷将有所加大。挡位开关向电脑输入信号，电脑根据开关输入信号修正喷油量和点火提前角。

4. 动力转向开关信号

装有动力转向的汽车行驶中由中间向左右方向转动时，动力转向油泵的工作将增加发动机负荷，电脑接到动力开关信号及时修正喷油量和点火提前角。

任务实施

一、观察起动系统的构造

操作：观察五菱小旋风车型起动系统结构组成。

（1）观察五菱小旋风车型，了解蓄电池位置，如图 2-6 所示。

（2）观察五菱小旋风车型，了解点火开关位置，如图 2-7 所示。

图 2-6　蓄电池位置图

图 2-7　点火开关位置图

（3）观察五菱小旋风车型，了解起动系统保险丝位置，如图 2-8 所示（保险盒一般位于驾驶员侧中控台的左下方位置）。

（4）观察五菱小旋风车型，了解起动系统起动机安装位置，如图 2-9 所示。

图 2-8　起动系统保险位置图

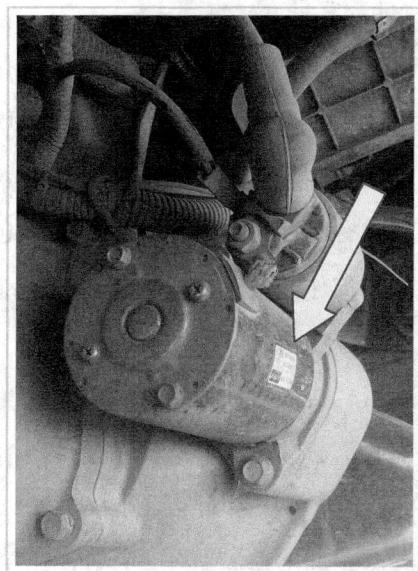

图 2-9　起动系统起动机位置图

二、观察起动防盗系统的构造

起动防盗系统由防盗 ECU、故障警告灯、读识线圈（天线）、带脉冲转发器的点火钥匙（送码器）、发动机 ECU 组成。

操作：

（1）观察防盗 ECU 位置，如图 2-10 所示。

（2）将钥匙插入点火开关锁芯中并旋转至"ON"位置时，如果密码验证成功，观察警告灯是否处于熄灭状态，允许发动机起动；如果密码验证失败，观察警告灯是否保持 2s 点亮 1 次的频率进行闪烁。当车辆处于无人锁门状态时，电子防盗系统处于睡眠模式，观察警告灯将保持 5s 点亮 1 次的频率进行闪烁，如图 2-11 所示。

图 2-10　防盗 ECU 位置图

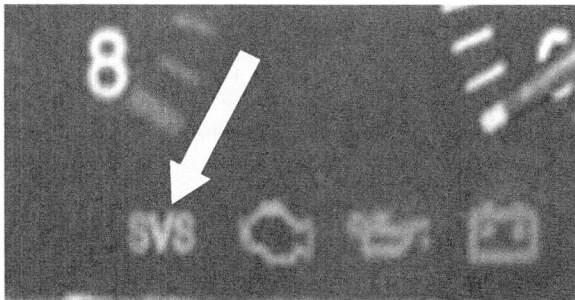

图 2-11　警告灯位置图

（3）观察读识线圈（天线）位置，如图 2-12 所示。

（4）观察带脉冲转发器的点火钥匙（送码器）位置，如图 2-13 所示。

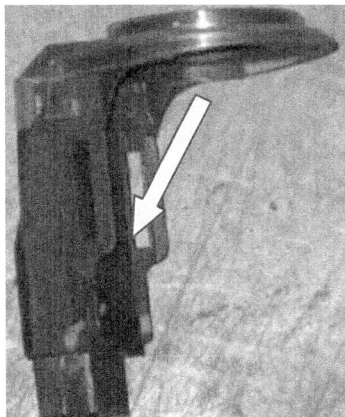

图 2-12　读识线圈图

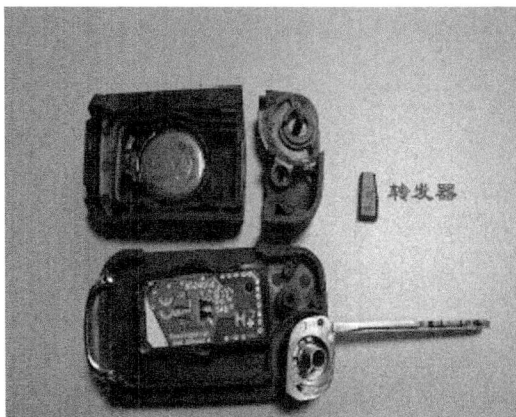

图 2-13　点火钥匙（送码器）图

（5）观察发动机 ECU 位置，如图 2-14 所示。

三、起动开关信号的检测

起动信号（STA）用来判断发动机是否处于起动状态。在起动时，进气管内混合气流速慢、温度低、燃油雾化差。为了改善起动性能，在起动发动机时必须使混合气加浓。ECU 利用 STA 信号，确认发动机处于起动状态，自动增加喷油量。STA 信号和起动机的电源连在一起，如图 2-15 所示。

图 2-14　发动机 ECU 图

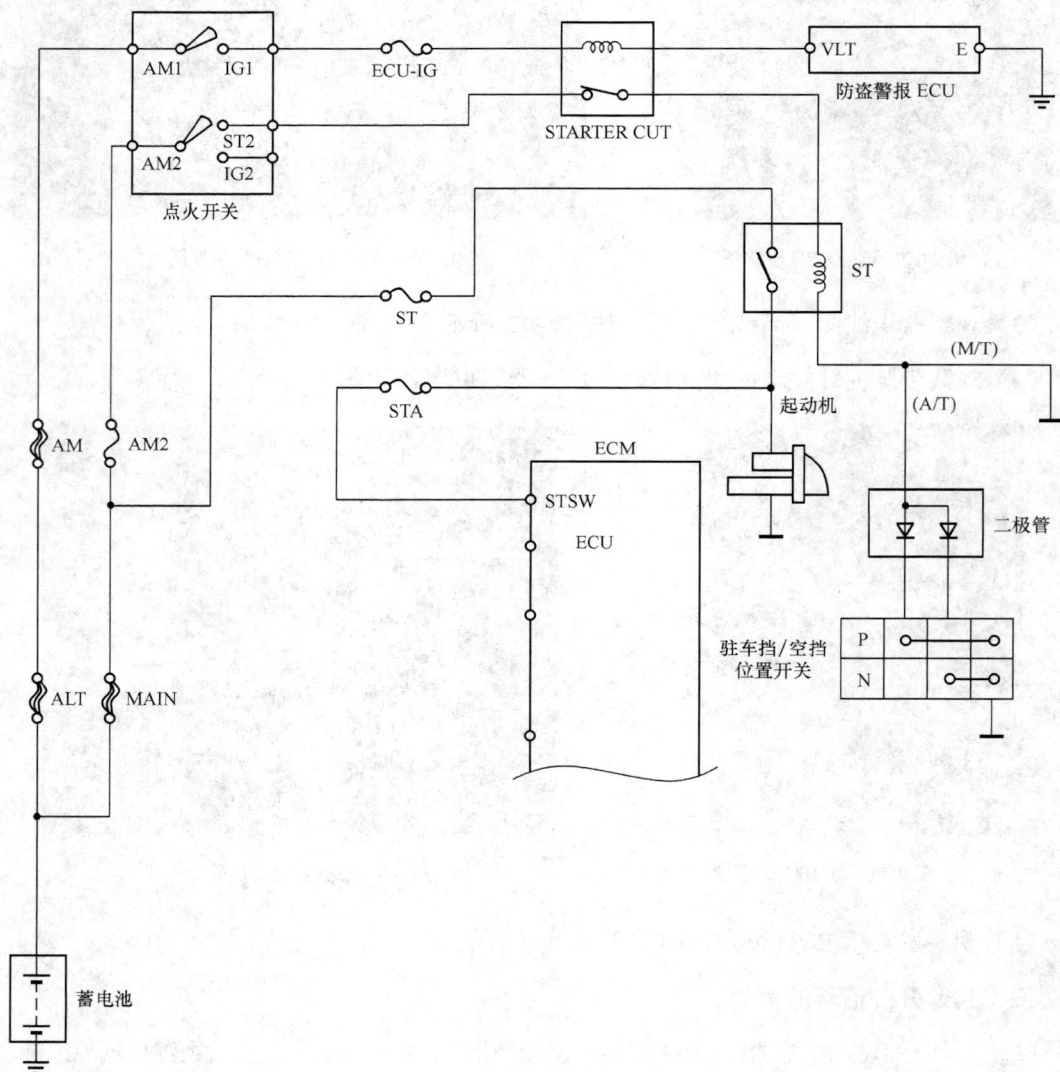

图 2-15　起动开关信号电路图

当点火开关位于起动位置"STA"时，用万用表电压挡检测 ECU 的 STSW 与 E1 端子间的电压，其标准电压值应为 12V。

四、制动开关信号与离合器开关信号的检测

操作一：制动开关信号检测。

制动开关安装在制动踏板支架上，踩下制动踏板时开关接通，通知变速器电脑使汽车制动，断开变矩器锁止离合器，同时点亮制动灯。这可以防止当驱动轮制动抱死时，发动机突然熄火，如图 2-16 所示。

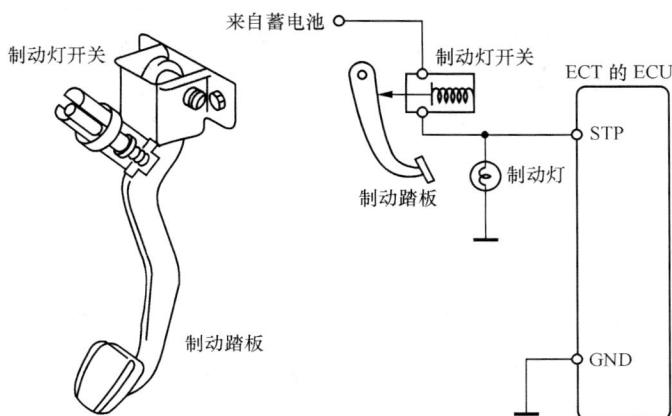

图 2-16　制动开关信号图

（1）打开点火开关到"ON"挡，踩下制动踏板，用汽车万用表检测制动开关至 ECU 线路，应有标准电压 12V，否则应检查制动开关是否损坏，制动开关至电脑线路是否断路，保险是否烧断。

（2）放开制动踏板，用汽车万用表检测制动开关至 ECU 线路，应无电压，否则应检查制动开关是否损坏，制动灯开关是否安装不当。

操作二：离合器开关信号检测。

当驾驶人员在转向或升降挡时，发动机会适当的降低发动机转速，以保证变速箱换挡平顺不冲击。而这个发动机降低转速的时刻，就是由你踩下离合器踏板时，离合器开关发出信号的时间所决定的。换句话说：离合器开关是一个常闭开关，当踩下离合器踏板时，开关断开。发动机控制单元在没有检测到离合器所发出的信号后，车载电脑就自动降低点火提前角，减少喷油量，进行暂时的动力储备。

离合器开关常见的故障现象有：加油挫车，升降换挡时有顿挫现象，甚至有起步抬离合就熄火等现象发生。东西虽小，作用很大，如图2-17所示。

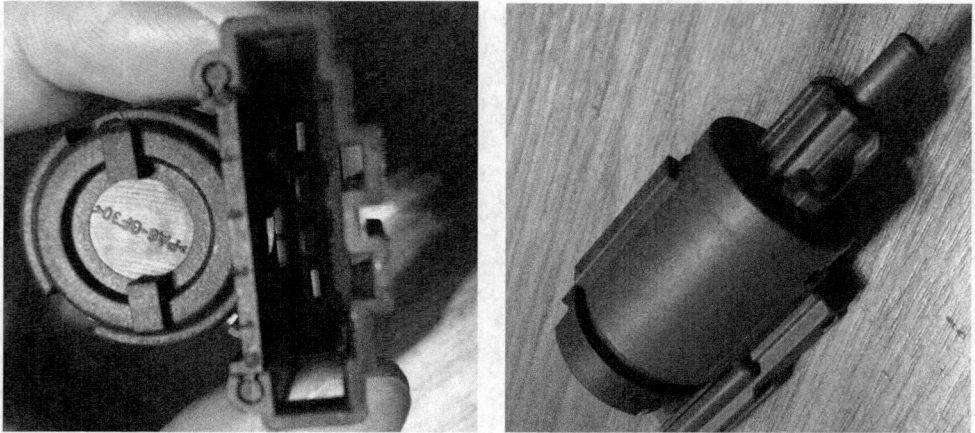

图2-17　离合器开关图

（1）拆卸离合器开关或就车，按下离合器开关或踩下离合器踏板，用汽车万用表检测离合器开关信号通断情况，离合器开关线应不导通，否则应更换离合器开关。

（2）放开离合器开关或离合器踏板，用汽车万用表检测离合器开关信号通断情况，离合器开关线应导通，否则应更换离合器开关。

五、对上汽通用五菱小旋风车型起动系统常见故障进行检测与排除

起动系统常见故障有：起动机不转或运转无力，如图2-18所示。

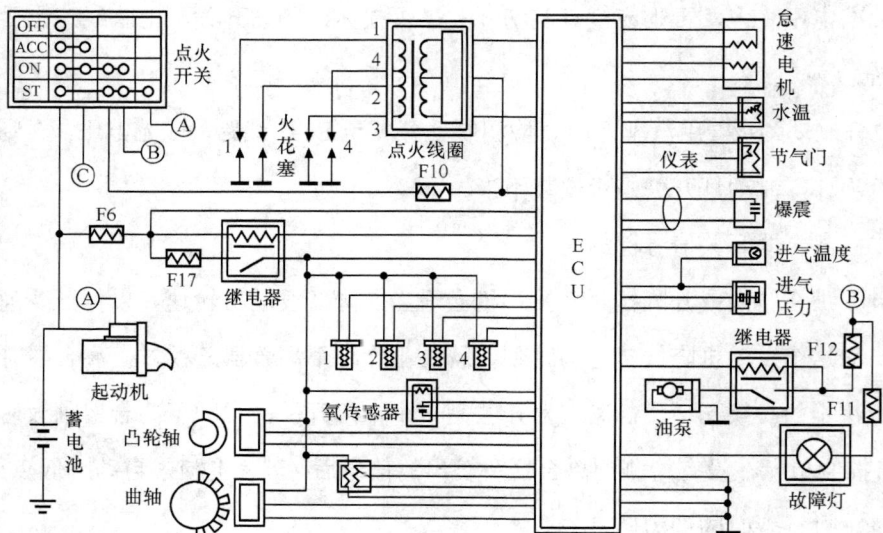

图2-18　起动系统电路图

1. 故障现象

起动发动机时，将点火开关转到"ST"挡，起动机不运转。

2. 故障原因

起动机不转的故障可以归纳为三类，即电源及线路部分、起动继电器、起动机故障。

（1）电源及线路部分的故障。

① 蓄电池严重亏电；

② 蓄电池正、负极桩上的电缆接头松动或接极不良；

③ 控制线路断路。

（2）起动继电器的故障。

① 继电器线圈绕组烧毁或断路；

② 继电器触点严重烧蚀或触点不能闭合。

（3）起动机的故障。

3. 故障诊断与排除方法

操作：

（1）使用万用表，检测蓄电池电压，是否正常；

（2）目测检查蓄电池正、负极桩上的电缆接头是否松动或接触不良；

（3）将点火开关打到"ON"挡，检查仪表板灯是否点亮，若仪表板灯正常测检测蓄电池至点火开关线路的通断情况；

（4）用单线跨接起动机电源接柱与开关接柱，检查起动机是否运转正常；

（5）如果起动机运转不正常，则应检查起动继电器是否正常，若起动继电器正常测检测点火开关至起动机线路的通断情况。

训练拓展

空挡起动开关信号检测

在装有自动变速器（A/T）的汽车中，ECU利用这个信号区别变速器是处于"P"或"N"（停车或空挡），还是处于"L"、"2"、"D"或"R"状态（行驶状态）。NSW信号主要用于怠速系统的控制。电路图如图2-19所示。

操作：

（1）万用表Ω挡测量空挡起动开关两端子间的导通性。在变速操纵手柄置于"P"或"N"

位时，应导通。否则，更换空挡起动开关。

（2）在变速操纵手柄置于"L"、"2"、"D"或"R"档位时，应不导通。否则，更换空挡起动开关。

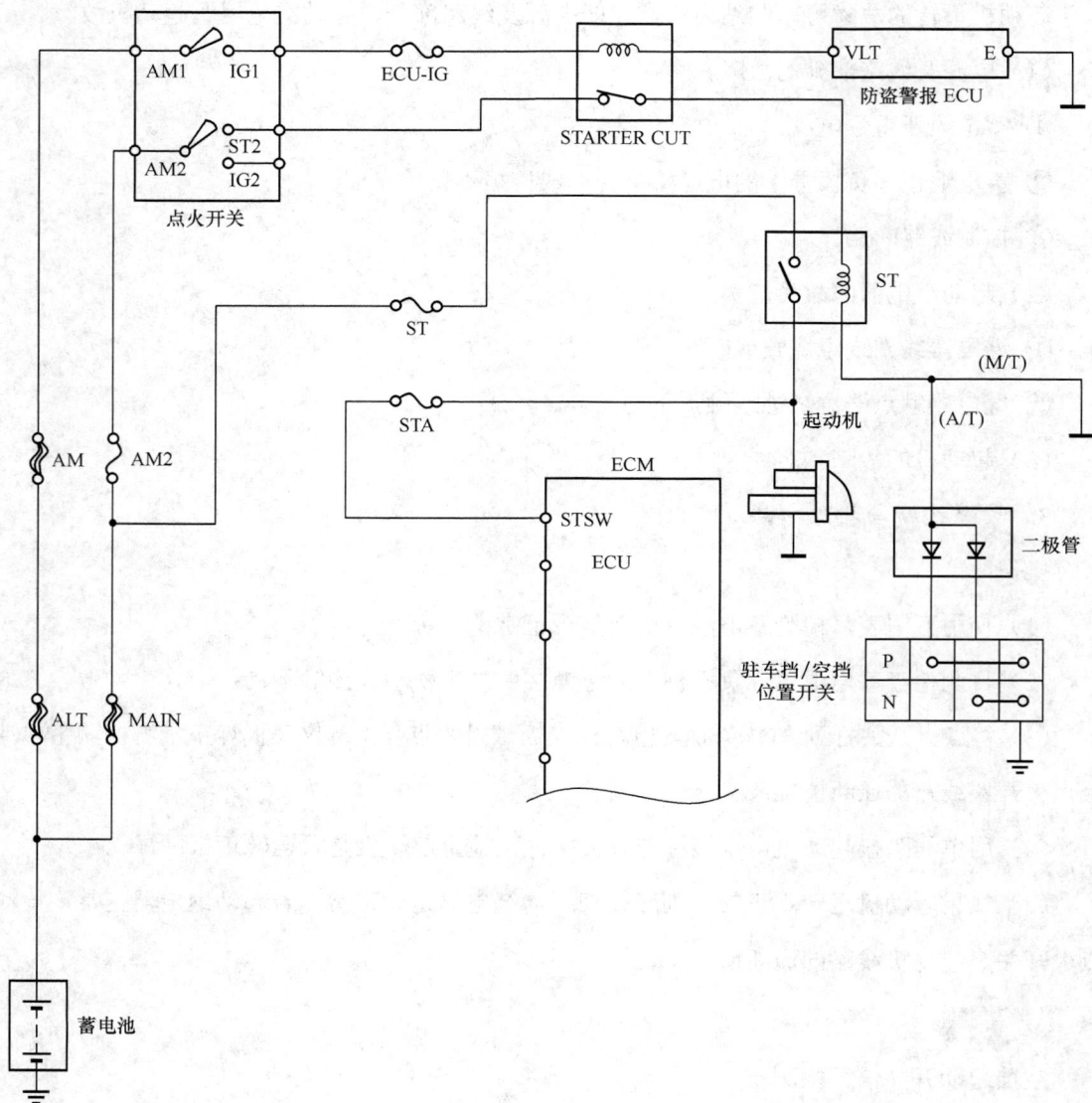

图 2-19 空挡起动开关信号电路图

项目三

3 燃料供给系统

汽油机燃料供给系统的任务是根据发动机各种不同工况的要求，配制出一定数量和浓度的可燃混合气，供入气缸，使之在临近压缩结束时点火燃烧后膨胀做功。最后，供给系统还应将燃烧产物——废气排入大气中。燃料供给系统图如图 3-1 所示。

知识目标：

◎ 了解燃料供给系统的基本结构组成。

◎ 能正确描述燃料供给系统的基本原理。

◎ 能正确理解各类型燃料供给系统的区别。

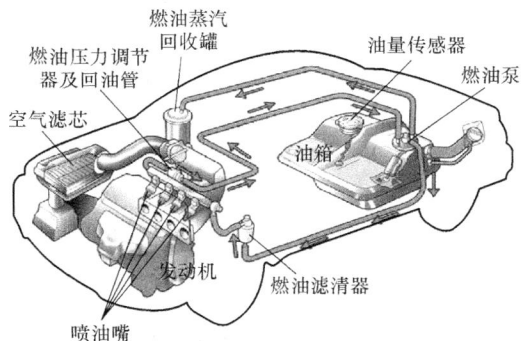

图 3-1　燃料供给系统图

能力目标：

◎ 掌握电控发动机燃料供给系统检测的基本方法。

◎ 掌握电控发动机燃料供给系统故障检测及排除方法。

任务一　电控燃油供给系统

任务描述

燃油供给系统主要是向气缸内供给燃烧所需要的汽油。当燃油供给系统出现故障时，将无法提供燃烧所需要的汽油。本任务将着重讲述燃油电控装置的基本结构及其控制电路的检测与故障排除方法。

知识准备

一、燃油供给系统的基本结构

燃油供给系统包括燃油箱、燃油泵、燃油缓冲器、燃油压力调节器、燃油滤清器、喷油器,节温定时开关和冷起动阀(冷起动喷油器)等部件,如图 3-2 所示。

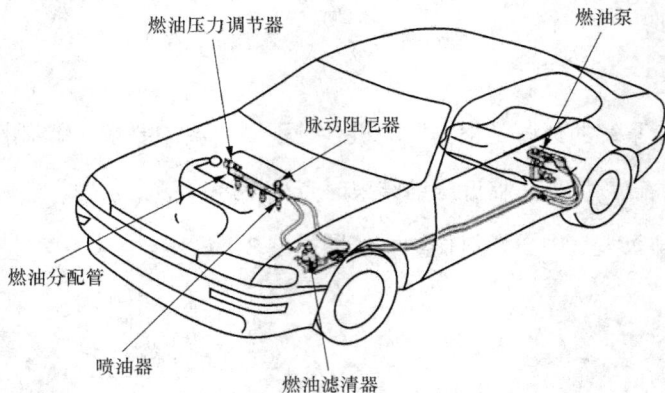

图 3-2 燃油系统结构图

(1)燃油箱(汽油箱)——储存燃油用。

(2)燃油泵(电动汽油泵)——其作用是将燃油从燃油箱中泵入燃油管路,并使燃油保持一定的压力,经过滤清器输送到燃油喷油器和冷起动阀中。燃油泵按其安装位置分为外装泵和内装泵两种,外装泵即将泵装在油箱之外的输油管路中,内装泵则是将泵安装在燃油箱内。与外装泵比较,它不易产生气阻和燃油泄漏,且噪声小。目前大多数 EFI 采用内装泵。

(3)燃油缓冲器——也称脉动阻尼器。其作用是使燃油泵泵出的油压变得平稳,减少抽压波动和降低噪声。

(4)燃油压力调节器——油路中安装有压力调节器,它使燃油压力相对于大气压力或进气管负压保持一定值,即保持喷油压力与喷油环境压力的差值一定。此压力差一般维持在 250kPa,当供油压力超过规定值时,压力调节器内的减压阀打开,汽油便经过回油管流回油箱,使输油管油压保持恒定。

(5)燃油滤清器——装于燃油缓冲器与喷油器之间的油路中,其作用是滤除燃油中的水分和杂质等污物,以防堵塞喷油器针阀。

(6)喷油器——喷油器安装在节气门体空气入口处(SPI 系统)或进气歧管靠近各缸进气门附近(MPI 系统)。它受电子控制器喷油信号的控制,其喷油量由喷油器通电时间的长短决定，从而将适量的燃油成雾状喷入进气歧管。喷油器的喷油原理是：由电子控制器送来喷油电流信号，电流流经电磁线圈产生电磁吸力，该吸力吸引铁心，由于针阀与铁心制成一体，故此时针阀打开，燃油由喷油器喷出。

（7）节温定时开关和冷起动阀（冷起动喷油器）节温定时开关的作用是监测冷却水的温度，当发动机起动，冷却水温度低于114℃时，开关的触点闭合，使冷起动阀喷油。冷起动阀的作用是在冷起动发动机时向进气歧管喷射额外的燃油，以改善低温起动性能。有不少车已取消了节温定时开关，冷起动喷油器的工作完全由ECU控制，控制精度更高。

二、电控燃油喷射系统的分类

（1）按燃油喷射部位分，如图3-3所示。

① 缸内喷射。

② 进气歧管喷射。

③ 节气门体喷射。

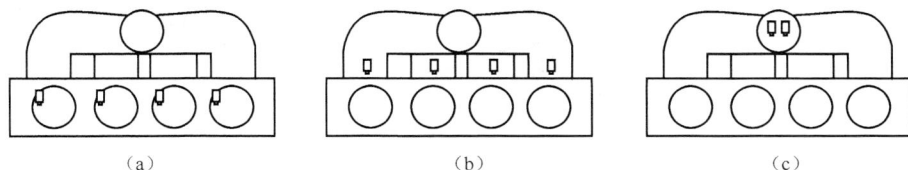

（a）　　　　　　　　　（b）　　　　　　　　　（c）

图3-3　燃油喷射部位图

（2）按喷油器的数目分，如图3-4所示。

① 单点喷射。

② 多点喷射。

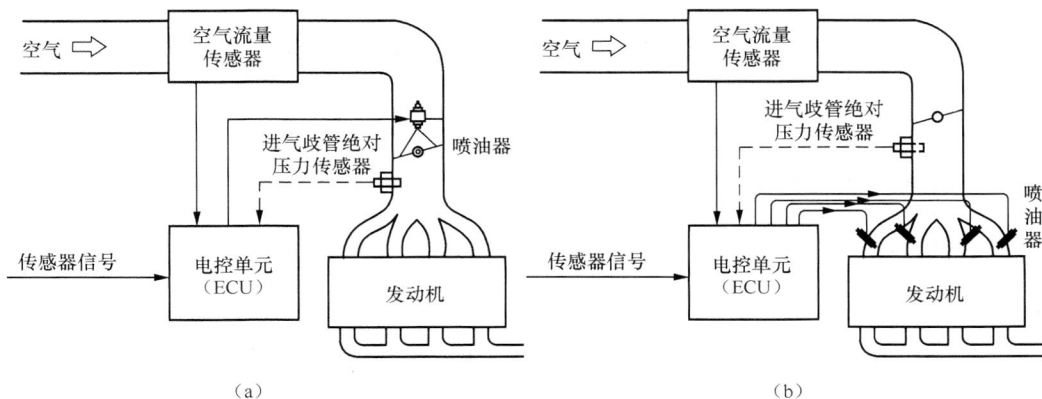

（a）　　　　　　　　　　　　　　　　（b）

图3-4　（a）单点、（b）多点喷射图

（3）按进气量的检测方式分

① 速度密度控制型（D 型）。

速度密度控制型不是直接检测吸入发动机的空气量，而是通过检测进气歧管压力（真空度）和发动机转速，推算出吸入的空气量。

② 质量流量控制型（L 型）。

质量流量控制型是由空气流量传感器直接测量进入进气歧管的空气量，其检测精度高于 D 型，故可更精确地控制空燃比。

（4）按喷射时序分，如图 3-5 所示。

① 顺序喷射。

② 分组喷射。

③ 同时喷射。

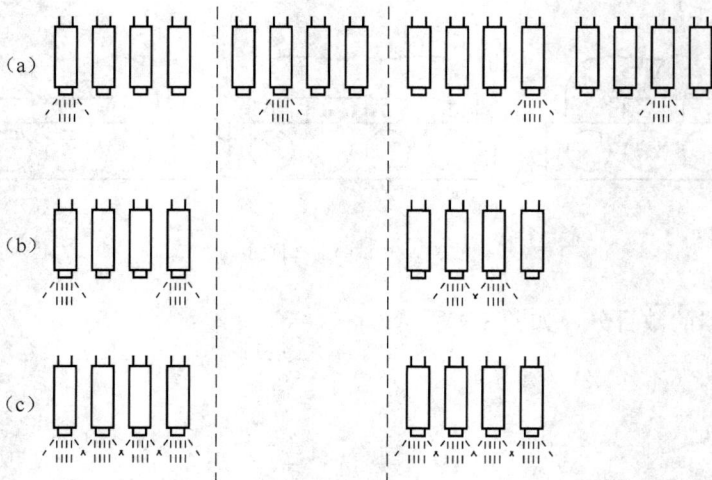

图 3-5 （a）顺序喷射、（b）分组喷射、（c）同时喷射图

三、电动燃油泵的类型与结构

1. 电动燃油泵的类型

（1）按安装位置分。

油箱内置式和油箱外置式两种。

油箱内置式电动燃油泵特点：具有噪声小，不易产生气阻、不易泄漏及安装管路较简单等优点，应用较为广泛。

油箱外置式电动燃油泵特点：是容易布置，安装自由度大，维修方便，但噪声大，燃油供给系统易产生气阻，所以只有在少数车型上仍在使用。

（2）按结构不同分。

涡轮式、滚柱式、转子式和叶片式燃油泵。

2. 电动燃油泵的结构

（1）涡轮式电动燃油泵，如图 3-6 所示。

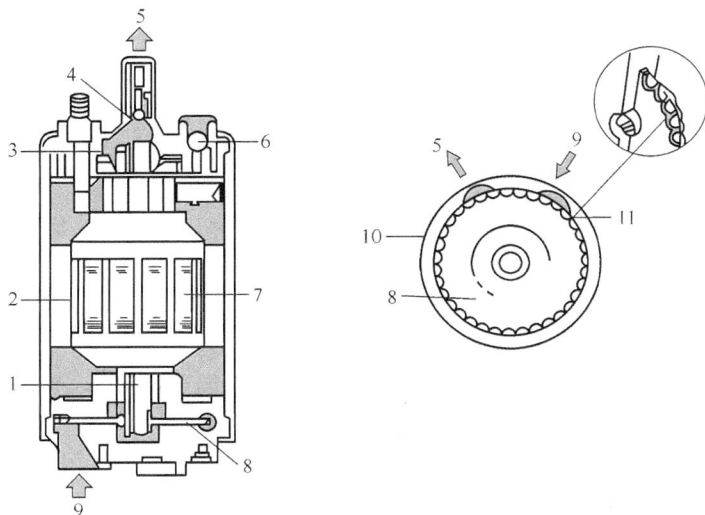

图 3-6　涡轮式燃油泵结构图

1—前轴承；2、7—电动机转子；3—后轴承；4—出油阀；5—出油口；6—卸压阀；8—叶轮；

9—进油口；10—泵壳体；11—叶片

（2）滚柱式电动燃油泵，如图 3-7、图 3-8 所示。

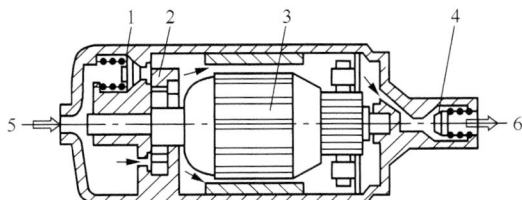

图 3-7　滚柱式燃油泵结构图

1—卸压阀；2—滚柱泵；3—电动机；4—出油阀；

5—进油口；6—出油口

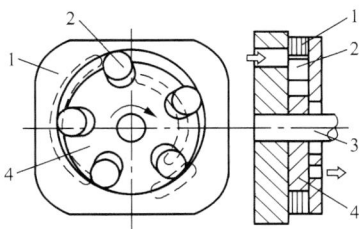

图 3-8　滚柱式燃油泵结构图

1—泵壳体；2—滚柱；3—转子轴；4—转子

（3）齿轮式电动燃油泵，如图 3-9 所示。

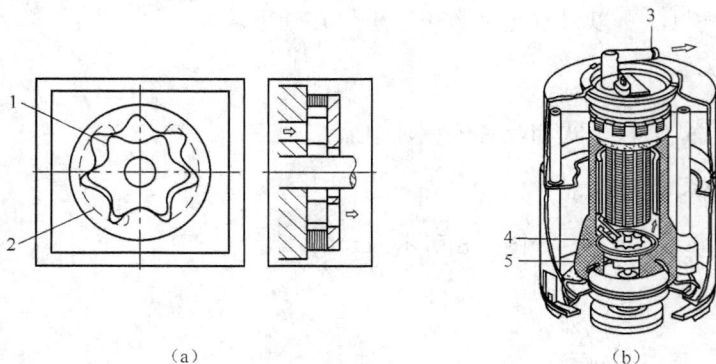

（a）　　　　　　　　　　　（b）

图 3-9　齿轮式燃油泵结构图

1—主动齿轮；2—从动齿轮；3—出油口；4—齿轮泵；5—燃油泵滤网

四、喷油器的结构类型与工作原理

1. 喷油器的结构类型

（1）轴针式喷油器。

当电磁线圈不通电时，喷油器内的针阀被回位弹簧压在喷油器出口处的密封锥形阀座上，喷口被密封，无燃油喷出。电磁线圈通电时，产生磁场吸力使衔铁移动，衔铁带动针阀从其座面上升高约 0.1mm，燃油从精密环形间隙中流出，由于燃油与出口的气体之间存在一定的压力差值，所以，当喷口打开时，燃油是喷射出去的。为使燃油充分雾化，针阀前端磨出一段喷油轴针，燃油喷射出去时，是以向外扩散的形状出去的。喷油器针阀上升及下降时间为 1～1.5ms，如图 3-10 所示。

（2）球阀式喷油器。

组成与轴针式喷油器相似，它与轴针式喷油器的主要区别在于阀的结构。球阀是用激光束将钢球、空心短导杆和衔铁等焊接在一起制成的，其质量只有轴针的一半，为此有着更好的响应性。为了保证密封，轴针必须有较长的导向杆，而球阀具有自动定心作用，无需较长的导向杆，如图 3-11 所示。

（3）片阀式喷油器。

片阀式喷油器采用了质量较轻的阀片和孔式阀座。与前两种喷油器的线状密封不同，片

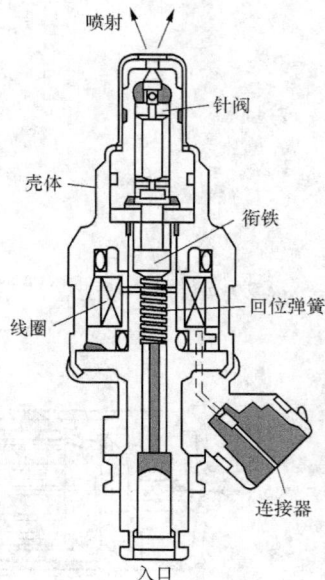

图 3-10　轴针式喷油器结构图

阀式属于平面密封，所以不仅具有较大的动态流量范围，而且抗堵塞能力较强。但是对阀片和阀座的材料和加工要求很高，否则很难密封，如图 3-12 所示。

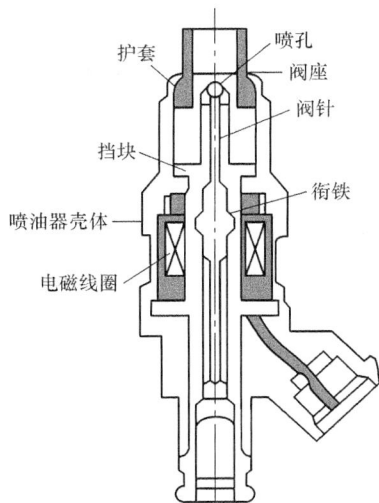

图 3-11　球阀式喷油器结构图

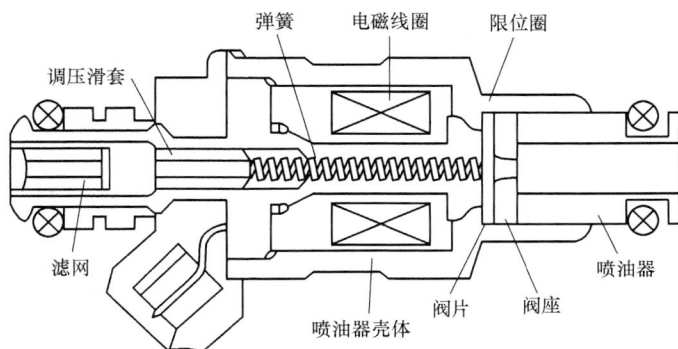

图 3-12　片阀式喷油器结构图

2. 喷油器的工作原理（轴针式喷油器）

（1）喷油器是电磁式的，用电磁线圈的通电时间来控制喷油器针阀的开启时间。

（2）当电磁线圈不通电时，针阀在回位弹簧的作用下将喷油孔封住。当 ECU 的喷油控制信号将电磁线圈与电源回路接通，针阀在电磁线圈的吸引力作用下克服回位弹簧力、摩擦力及自身重力从静止位置升起，燃油喷出。

（3）喷油器的喷油量是由电磁线圈的通电时间决定的。

知识拓展

燃油蒸气排放控制系统的结构原理

1. 作用

收集汽油箱和浮子室内蒸气中的汽油蒸气，并将汽油蒸气导入气缸参加燃烧，从而防止汽油蒸气直接排放到大气中而造成污染。同时，根据发动机工况，控制导入气缸参加燃烧的汽油蒸气量。

2. 组成与工作原理

（1）组成。

油箱的燃油蒸气通过单向阀进入活性炭罐上部，空气从炭罐下部进入清洗活性炭，在炭罐右上方有一定量的排放小孔及受真空控制的排放控制阀。排放控制阀内部的真空度由炭罐控制电磁阀控制。

（2）工作原理。

发动机工作时，ECU 根据发动机转速、温度、空气流量等信号控制炭罐电磁阀的开闭来控制排放控制阀上部的真空度，从而控制排放控制阀的开度。当排放控制阀打开时，燃油蒸气通过排放控制阀被吸入进气歧管，如图 3-13 所示。

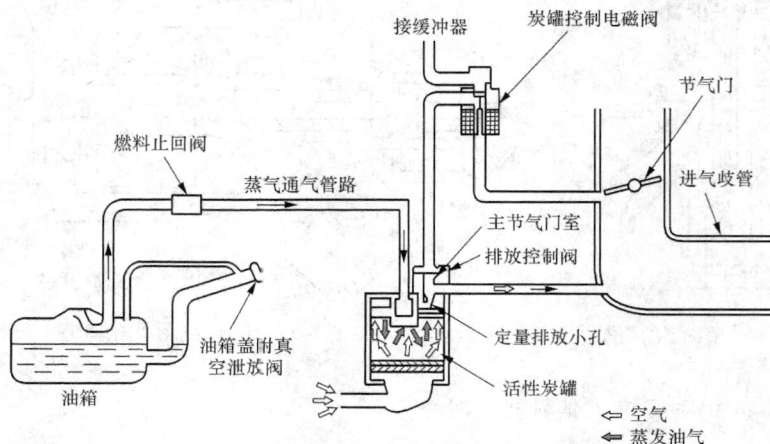

图 3-13　燃油蒸气排放控制系统组成图

任务实施

一、观察电控燃油供给系统的构造

操作一：观察五菱小旋风车型电控燃油供给系统结构组成。

（1）观察五菱小旋风车型，了解燃油箱位置，如图 3-14 所示。

（2）观察五菱小旋风车型，了解燃油泵位置，如图 3-15 所示。

图 3-14　五菱小旋风燃油箱图

（3）观察五菱小旋风车型，了解燃油滤清器位置，如图3-16所示。

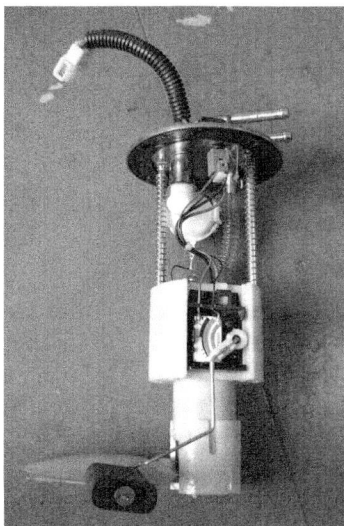
图 3-15 五菱小旋风燃油泵图

图 3-16 五菱小旋风燃油滤清器图

（4）观察五菱小旋风车型，了解燃油压力调节器位置，如图3-17所示。

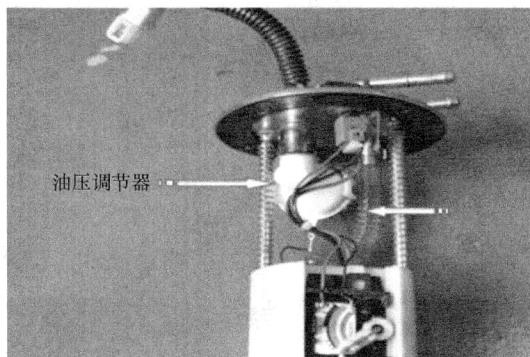

油压调节器

图 3-17 五菱小旋风燃油压力调节器图

（5）观察五菱小旋风车型，了解喷油器位置，如图3-18和图3-19所示。

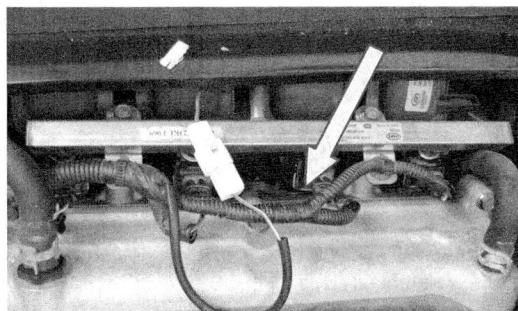
图 3-18 五菱小旋风喷油器图

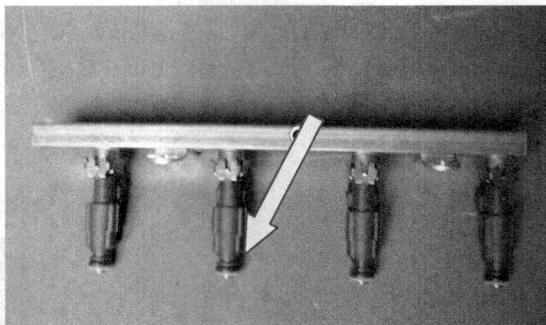

图 3-19 五菱小旋风喷油器图

操作二：观察丰田威驰车型电控燃油供给系统结构组成。

（1）观察丰田威驰车型，了解燃油箱位置，如图 3-20 所示。

图 3-20 丰田威驰燃油箱位置图

（2）观察丰田威驰车型，打开后排座椅，了解燃油泵位置，如图 3-21 所示。

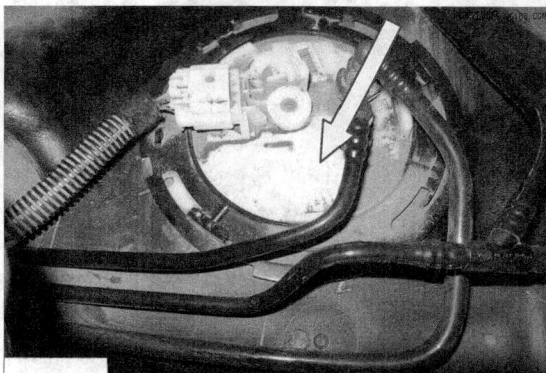

图 3-21 丰田威驰燃油泵位置图

（3）观察丰田威驰车型，了解燃油滤清器位置，如图 3-22 所示。

（4）观察丰田威驰车型，了解燃油压力调节器位置，如图 3-22 所示。

（5）观察丰田威驰车型，了解喷油器位置，如图3-23所示。

图3-22 丰田威驰燃油滤清器、燃油压力调节器图

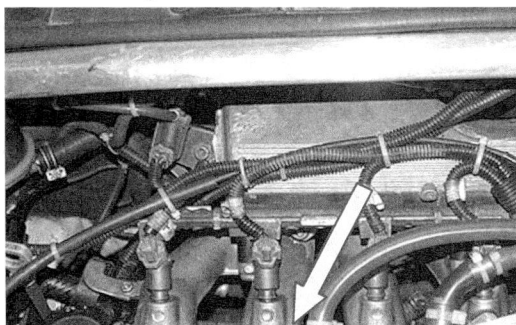

图3-23 丰田威驰喷油器图

二、燃油泵及其控制电路的检测

操作一：对五菱小旋风车型的燃油泵及其控制电路进行检测。

（1）将点火开关转至"ON"位置，但不要起动发动机。

（2）旋开油箱盖应能听到燃油泵工作的声音，或用手捏进油软管应感觉有压力。

（3）若听不到燃油泵工作声音或进油管无压力，应检修或更换燃油泵。

（4）用专用导线将诊断座上的燃油泵测试端子跨接到12V电源上，即直接用蓄电池向燃油泵供电。检测燃油泵是否运转。

（5）若有燃油泵不工作的故障，则使用万用表检查燃油泵电路导线、继电器、易熔线和熔丝有无断路，如图3-24所示。

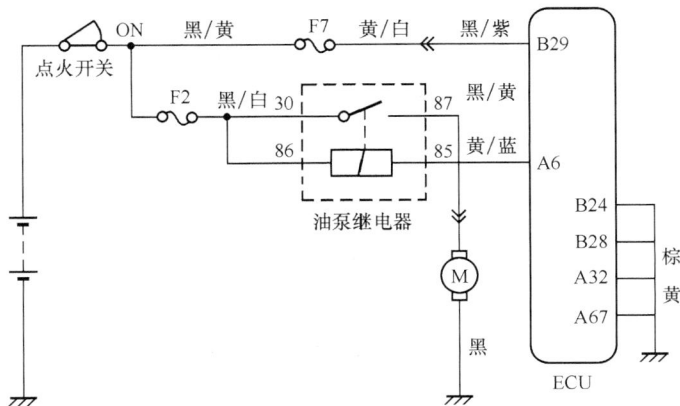

图3-24 五菱小旋风燃油泵控制电路图

操作二：对五菱小旋车型风燃油释放压力。

将汽车的燃油泵继电器或保险丝拔下，起动汽车，直到其自行熄火，反复2~3次。

操作三：对五菱小旋风车型燃油泵压力检测。

（1）释放燃油系统的油压。

（2）关闭点火开关，拆下蓄电池负极，拆下滤清器进油管。

（3）将油压表接在燃油管路上。

（4）接上蓄电池负极。

（5）用一根跨线将燃油泵继电器短接。

（6）打开点火开关，使电动汽油泵工作，同时读出油压表的压力值，该压力值即为汽油泵的最大压力。它比发动机运转时的燃油压力高200~300kPa，通常可以达到500~650kPa。

操作四：对五菱小旋风车型燃油泵单体检查。

（1）卸压后拆下燃油泵，单体检测燃油泵，其电动机两端子之间电阻应为2~3Ω。

（2）用蓄电池直接给燃油泵通电，应能听到油泵电机高速旋转的声音。注意：通电时间不能过长。

三、喷油器及其控制电路的检测

检测电路如图3-25所示。

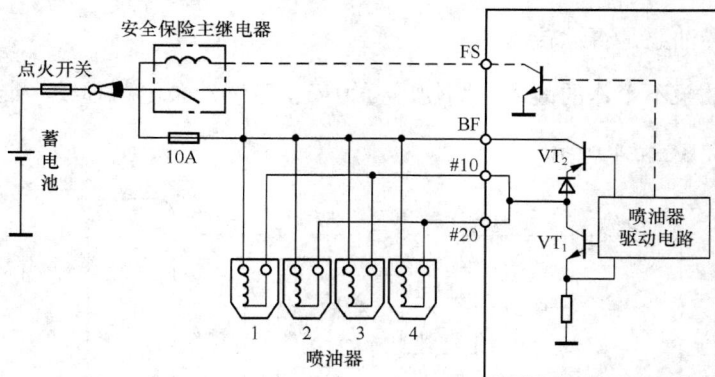

图3-25　五菱小旋风喷油器控制电路图

操作一：简单检查方法。

在发动机工作时，用手触试或使用车用听诊器检查喷油器针阀开闭时的振动或声响，正常时会感觉到"嗒、嗒、嗒"的声音，如果感觉无振动或听不到声响，往往说明喷油器或其电路有故障。

操作二：喷油器电阻检查。

拆开喷油器线束连接器，用万用表测量喷油器两端子之间的电阻，低阻值喷油器应为 2～3Ω，高阻值喷油器阻值应为 13～16Ω，否则应更换喷油器。

操作三：喷油工作脉冲检查。

在有些情况下，可以使用数字万用表进行喷油器的工作脉冲电压测试。在喷油器的输入与输出两端接线上，将万用表笔分别接上，调到 2V 的挡位上，在发动机怠速时，会出现 1V 左右的电压，当发动机转速上升时，此电压也会跟着上升，当出现此现象时，一般说明，喷油器电控部分是完好的，如果此时，仍然是缺缸不工作（排除点火系统的故障），可对喷油器进行堵塞的检查。

操作四：喷油器滴漏检查。

需在专用设备上进行检查，也可以将喷油器和输油总管拆下，再与燃油系统连接好，用专用导线将诊断座上的燃油泵测试端子跨接到 12V 电源上，然后打开点火开关，或直接用蓄电池给燃油泵通电。燃油泵工作后，观察喷油器有无滴漏现象。若检查时，在 1 min 内喷油器滴油超过 1 滴，应更换喷油器。

操作五：喷油器的喷油量检查。

喷油器的喷油量可在专用设备上进行检查，也可按滴漏检查做好准备工作。燃油泵工作后，用蓄电池和导线直接给喷油器通电，并用量杯检查喷油器的喷油量。每个喷油器应重复检查 2～3 次，各缸喷油器的喷油量和均匀度应符合标准，否则应清洗或更换喷油器。

四、对上汽通用五菱小旋风车型电控燃油供给系统常见故障进行检测与排除

电控燃油供给系统常见故障有：发动机不易起动、发动机产生抖动、汽车加速无力、汽车在行驶中产生动力不足等故障，如图 3-26 所示。

操作一：发动机不易起动的故障。

1. 故障现象

起动发动机时，出现难起动的现象。

2. 故障原因

如果不易起动现象是由于燃油供给系统引起，则可能是：

（1）燃油泵故障。

（2）喷油器及控制电路故障。

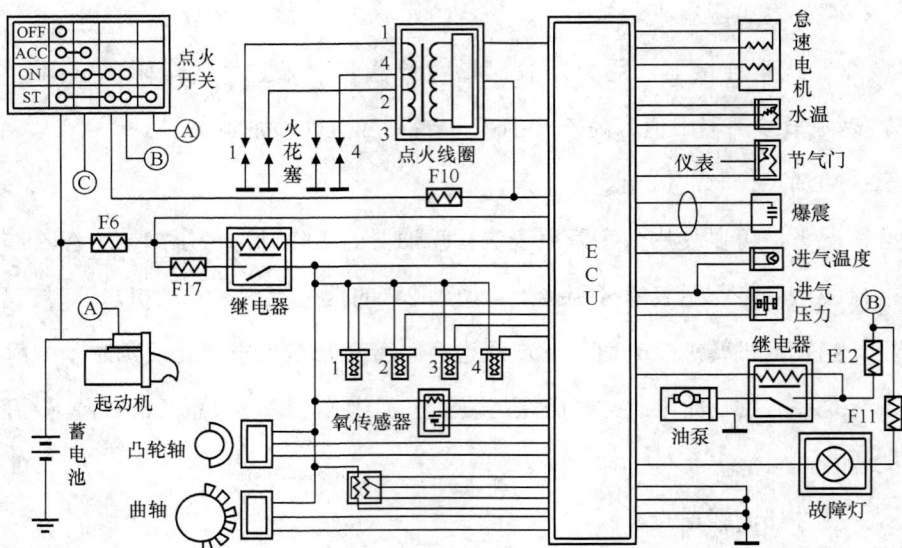

图 3-26　五菱小旋风燃油供给系统电路图

3.　故障诊断与排除

（1）将点火开关转至"ON"位置，但不要起动发动机。

（2）旋开油箱盖应能听到燃油泵工作的声音，或用手捏进油软管应感觉有压力。

（3）若听不到燃油泵工作声音或进油管无压力，应检修或更换燃油泵。

（4）用专用导线将诊断座上的燃油泵测试端子跨接到 12V 电源上，即直接用蓄电池向燃油泵供电。检测燃油泵是否运转。

（5）若有燃油泵不工作的故障，则使用万用表检查燃油泵电路导线、继电器、易熔线和熔丝有无断路。

（6）如燃油泵控制电路无故障，则检测喷油器电压。

（7）如喷油器无电压，检查主继电器与接线柱之间的连接线路、接头。如有电压，则检查接线柱与 ECU 之间的连接线路、接头。

操作二：发动机产生抖动的故障。

1.　故障现象

起动发动机后，发动机有抖动现象。

2.　故障原因

如果因燃油供给系统引起发动机抖动，则原因可能会是某个喷油器不喷油，造成缺缸。

3. 故障诊断与排除

（1）用断缸法确定哪个缸不工作。

（2）检测不工作的喷油器的电压。

（3）如喷油器无电压，检查主继电器与接线柱之间的连接线路、接头。

（4）如喷油器有电压，检查接线柱与 ECU 之间的连接线路、接头。

（5）如以上都正常，则检查喷油器是否良好。

训练拓展

燃油蒸气排放控制系统的故障诊断及检修

操作一：检查活性炭罐。

按图示方法吹入压缩空气（294kPa）后，压缩空气应能从图中箭头所示方向流出，如图 3-27 所示。

操作二：检查真空控制阀。

从活性炭罐上拆下真空控制阀，用手动真空泵由真空管接头给真空控制阀施加约 5kPa 的真空度时，从活性炭罐侧孔吹入空气应畅通；不施加真空度时，吹入空气则不通，如图 3-28 所示。

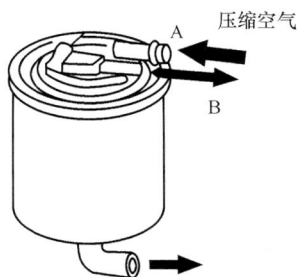

图 3-27　活性炭罐检查图

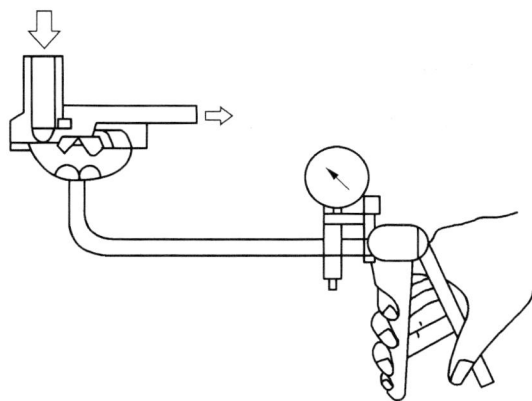

图 3-28　真空控制阀检查图

操作三：检查电磁阀。

发动机不工作时，拆开电磁阀进气管一侧的软管，用手动真空泵由软管接头给电磁阀施加一定的真空度，电磁阀不通电时应能保持真空度；若给电磁阀接通蓄电池电压，真空度应释放。

拆开电磁阀线束连接器，测量电磁阀两端子间电阻应为 36～44Ω。

任务二 发动机进气控制装置

任务描述

发动机工作时，驾驶员通过加速踏板操纵节气门的开度，以此来改变进气量，控制发动机的运转。进入发动机的空气经空气滤清器滤去尘埃等杂质后，流经空气流量计，沿节气门通道进入动力腔，再经进气歧管分配到各个气缸中。本任务将要求了解汽车电控进气系统的类型与基本组成、掌握空气流量传感器的分类与工作原理、掌握节气门体的结构与检测方法。

知识准备

一、组成

进气系统由空气滤清器、空气流量计、进气压力传感器、节气门体、附加空气阀、怠速控制阀、谐振腔、动力腔、进气歧管等组成，如图 3-29 所示。

二、分类

进气系统按进气检测方式不同，可以分为直接检测方法（空气密度法 L 型）、间接检测方法（速度密度法 D 型）如图 3-30 所示。

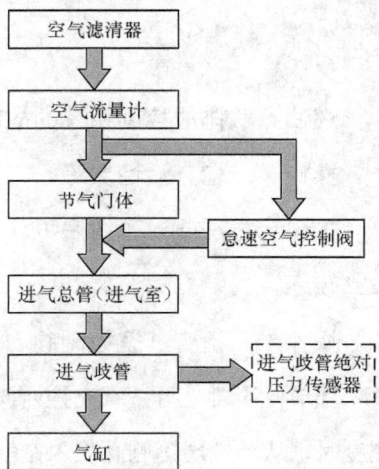

图 3-29 进气控制装置组成图

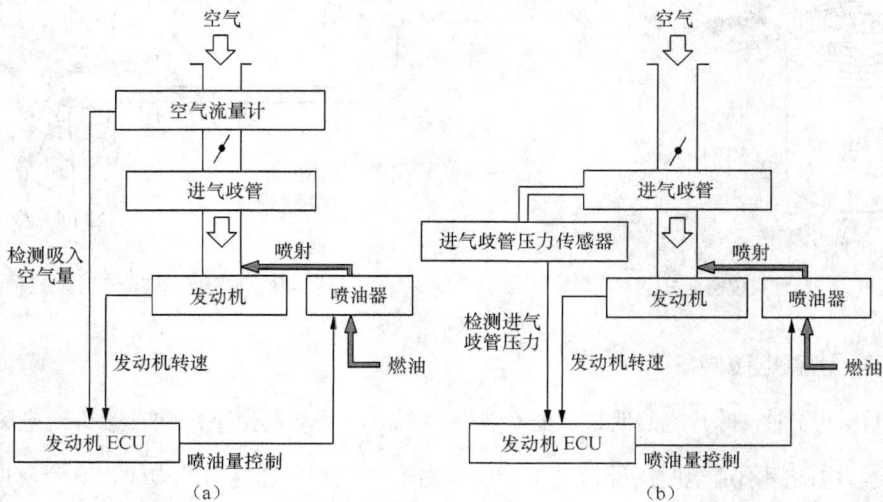

图 3-30 （a）直接检测方法（空气密度法 L 型）（b）间接检测方法（速度密度法 D 型）

1. L型空气供给系统的结构与组成

采用该种方法直接利用空气流量（MAF）传感器所提供的信号来代表进气量，采用这种方法检测进气量的发动机称为L型电控发动机，如图3-31所示。

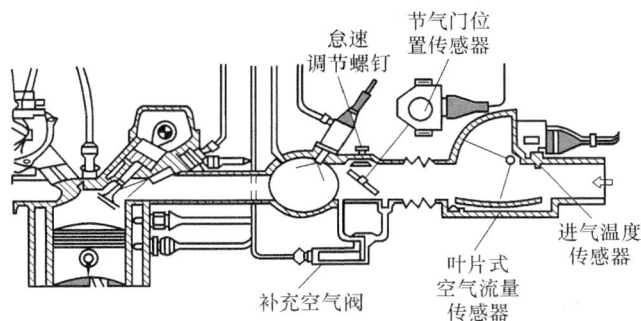

图3-31 L型空气供给系统的结构与组成

2. D型空气供给系统的结构与组成

利用装在进气歧管上的进气歧管绝对压力（MAP）传感器所提供的压力信号，再结合进气温度信号（IAT）、发动机转速信号（RPM）、估算的容积效率（VE）和废气再循环量（EGR）一起，采用速度密度公式来换算出进入发动机的空气量，采用这种方法检测进气量的发动机称为D型电控发动机，如图3-32所示。

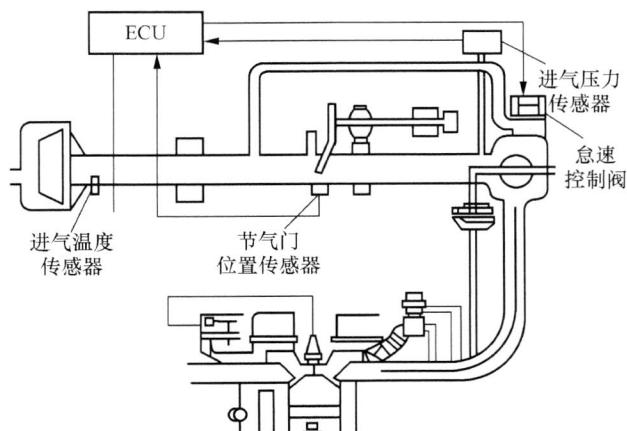

图3-32 D型空气供给系统的结构与组成

3. 空气流量计的类型

空气流量计的类型如图3-33所示。

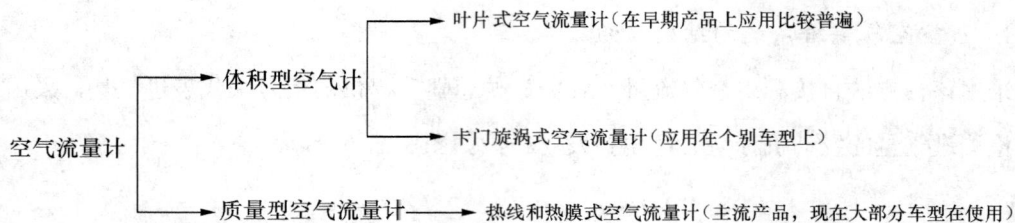

图 3-33　空气流量计的类型

（1）热线式空气流量计

该流量计采用等温热线的方式，如图 3-34、图 3-35 所示。图中 RH、RK、RA、RB 组成惠斯顿电桥的四个臂，将热线 RH（通常以铂丝制成）与温度补偿电阻 RK（冷线）同置于所测量的通道中，使 RH 与气流的温差维持在一个水平。当气流加大时，由于散热加快，RH 降温阻值变化，电桥失去平衡，这时集成电路会提高桥压使电桥恢复平衡，通常取 RA 上的压降为测量信号。

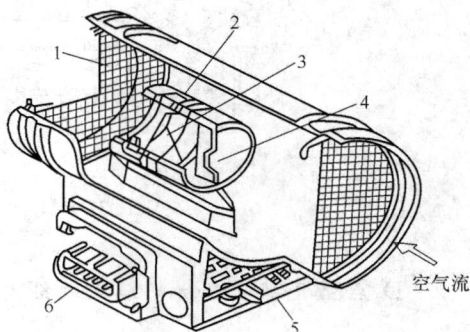

图 3-34　热线式空气流量计结构

1—防护网；2—取样管；3—铂金热线；4—温度补偿电阻（冷线）；　5—控制电路；6—连接器

问题：通过热线的电流是空气质量流量的单一函数，电流与进气质量成正比，如何将此换算为电压信号？

空气流量计信号电压

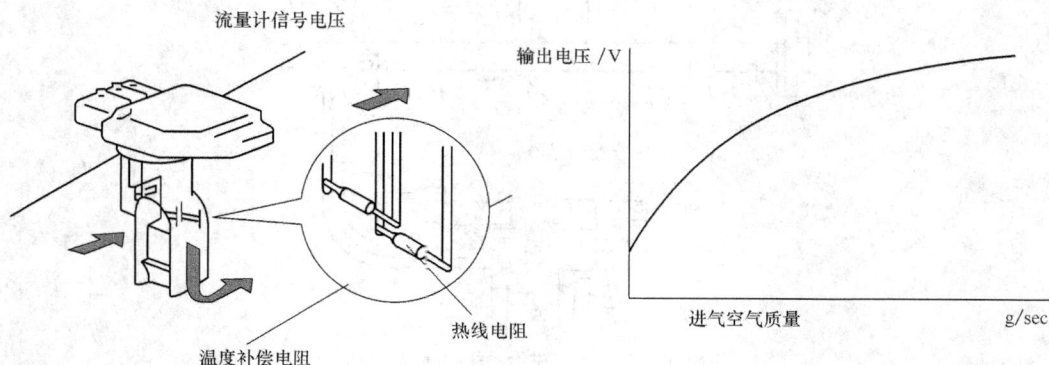

图 3-35　热线式空气流量计原理图

（2）热膜式空气流量计。

热膜式空气流量计的结构和工作原理与热线式空气流量计基本相同。只是将发热体由热线改为热膜，热膜是由发热金属铂固定在薄的树脂上构成的（见图 3-36）。这种结构可使发热体不直接承受空气流动所产生的作用力，增加了发热体的强度，提高了工作可靠性，且无需加热清洁电路所以无功能下降情况，如图 3-36 所示。

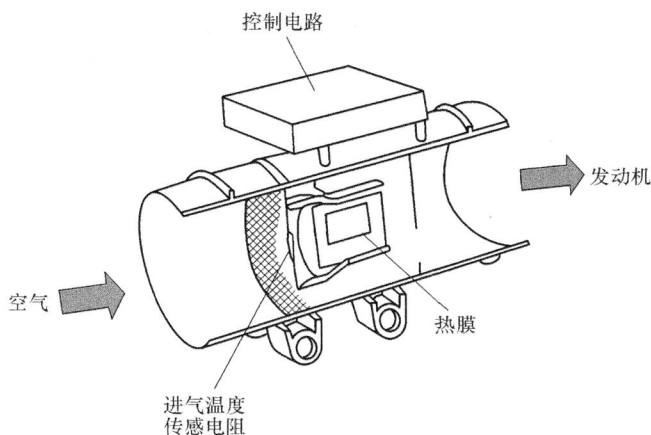

图 3-36 热膜式空气流量计结构图

三、电控节气门系统

1. 电控节气门系统的功用

节气门系统将节气门打开的角度转换成电压信号传到 ECU，以便在节气门不同开度状态下控制喷油量。

2. 电控节气门系统的类型

节气门系统按结构来分可分为开关式、可变电阻式、带步进电机式、电子节气门几种。

（1）可变电阻式，如图 3-37 所示。

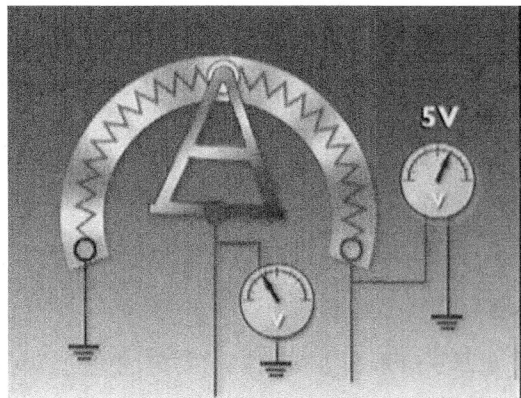

图 3-37 可变电阻式节气门结构图

（2）电子节气门，如图 3-38 所示。

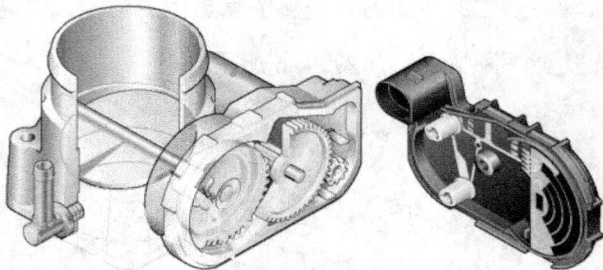

图 3-38　电子节气门

3. 电子节气门结构

加速踏板模块：

将踏板位置信号和变化速率信号传递给控制单元。

两个踏板位置传感器：

电子节气门系统采用 2 个踏板位置传感器，安装在同一根轴上，两个信号值正好相反，即两个传感器阻值变化量之和为零。对两个传感器施加相同的电压，两者输出的电压信号也相应反向变化，且其和始终等于供电电压。

采用两个加速踏板位置传感器的作用：监测并确保信号的正确性。当一个传感器损坏，系统检测到还有一个节气门信号时，进入怠速运转，关闭舒适系统，点亮 EPC 灯，存储故障码；如果传感器同时出现故障，发动机转速将控制在 1500～4000r／min，踩油门无反应，车速最高只能达到 56km／h，如果踩下制动踏板，转速会降到怠速，EPC 灯亮，存储故障码。

节气门控制模块：

主要由节气门位置传感器和节气门定位电动机等组成。

（1）节气门位置传感器：反馈节气门开度大小和变化速率。为了精确检测和备用，所以使用 2 个。它也是滑动触点电位计，两者输出的电压信号也相应反向变化，且其和始终等于供电电压，如图 3-39 所示。

（2）节气门定位电动机：据发动机 ECU 发出的指令控制节气门开度。一般选用直流电动机，经过两级齿轮减速来调节节气门开度，如图 3-40 所示。

ECU 通过调节脉冲宽度调制信号的占空比来控制定位电动机转角的大小，方向则是由与节气门相连的复位弹簧控制。当占空比一定，节气门定位电动机输出转矩与复位弹簧阻力矩保持平衡时，节气门开度不变；当占空比大时，节气门定位电动机驱动力矩克服复位弹簧阻力矩，使节气门开度增大；反之则减小。

当节气门定位电动机上无电压时，系统进入紧急运行模式，弹簧将节气门打开一定角度，系统运行于高怠速状态，踩油门无反应，EPC灯点亮，舒适系统功能被关闭，存储故障码。

图 3-39　电子节气门结构图

图 3-40　电子节气门结构图

电控单元：

接收踏板位置和其他传感器信号，计算出实际的节气门开度，控制节气门电机以调节开度。同时还监控节气门系统。如果发现故障，发动机 ECU 控制停止点火和喷油来使发动机熄火。

节气门故障灯（EPC 灯，在仪表上）：

提示节气门故障信息，如图 3-41 所示。

离合器踏板开关：

开关信号，反馈离合器踏板位置。踩下踏板，负载变化功能关闭，系统不对其进行监控，故无故障存储，也无替代值，如图 3-42 所示。

制动踏板开关和制动灯开关：

开关信号，反馈制动踏板位置。ECU 收到踏板踩下信号后，关闭巡航。如加速踏板传感器坏，作为替代怠速信号。

图 3-41　EPC 位置图

图 3-42　制动开关、离合器开关位置图

4. 电子节气门工作原理

（1）驾驶员踩下加速踏板，加速踏板位置传感器将信息以电信号的形式传递给电控单元，ECU 再根据得到的其他信息，解析驾驶人意图（驾驶员需要加速或减速），计算出相应的最佳节气门位置，发出控制信号给节气门执行器，将节气门开到最佳位置。

（2）发动机工作过程中，ECU 经过 CAN 总线与整车控制单元进行通讯，获取其他信息。它根据发动机工况的变化信息，对节气门开度随时进行修正，使节气门的开度时刻满足驾驶员的需要。节气门位置传感器则把节气门的开度信号反馈给发动机 ECU，形成闭环位置控制。

ECU 对系统的功能进行监控。如果发现故障，它将点亮系统故障指示灯，提示驾驶员系统有故障。同时电磁离合器被分离，节气门不再受电机控制。节气门在回位弹簧的作用下返回到一个小开度的位置，使车辆慢速开到维修地点。

> 知识拓展

当代汽车进气系统主要是可变进气系统。从大类上分，包括可变气门正时和可变气门升程两大类。

一、可变气门正时

可变气门正时包括有 VVT（可变气门正时）、CVVT（连续可变气门正时）、VVT-i（电子可变正时）这几种。如北京现代伊兰特 VVT、东风悦达起亚赛拉图 CVVT、丰田车系中卡罗拉、花冠 VVT-i。

二、可变气门升程

可变气门升程包括有 i-VTEC（电子可变气门升程）、VVL（可变气门升程）两种。如比亚迪车系 2012 款 F3、G3、L3 的 VVL（可变气门升程）、本田车系中雅阁、CRV、思域 i-VTEC（电子可变气门升程）。

首先谈一下普通发动机配气机构，大家都知道气门是由发动机的曲轴通过凸轮轴带动的，气门的配气正时取决于凸轮轴的转角。在发动机运转的时候，我们需要让更多的新鲜空气进入到燃烧室，让废气尽可能地排出燃烧室，最好的解决方法就是让进气门提前打开，让排气门推迟关闭。这样，在进气行程和排气行程之间，就会发生进气门和排气门同时打开的情况，这种进排气门之间的重叠被称为气门叠加角。在普通的发动机上，进气门和排气门的开闭时间是固定不变的，气门叠加角也是固定不变的，是根据试验而取得的最佳配气定时，在发动机运转过程中是不能改变的。然而发动机转速的高低对进、排气流动以及气缸内燃烧过程是有影响的。转速高时，进气气流流速高，惯性能量大，所以希望进气门早些打开，晚些关闭，使新鲜气体顺利充入气缸，尽量多一些混合气或空气。反之在发动机转速较低时，进气流速低，流动惯性能量也小，如果进气门过早开启，由于此时活塞在上行排气，很容易把新鲜空气挤出气缸，使进气反而少了，发动机工作不稳定。因此，没有任何一种固定的气门叠加角设置能让发动机在高低转速时都能完美输出。如果没有可变气门正时技术，发动机只能根据其匹配车型的需求，选择最优化的固定气门叠加角。例如，赛车的发动机一般都采用较小的气门叠加角，以有利于高转速时候的动力输出。而普通的民用车则采用适中的气门叠加角，同时兼顾高速和低速时的动力输出，但在低转速和高转速时会损失很多动力。而可变气门正时技术，就是通过技术手段，实现气门叠加角的可变来解决这一矛盾。

如 20 世纪 90 年代初，日本本田公司推出一种既可改变配气正时，又能改变气门运动规律的可变配气定时－升程的控制机构，它是世界上第一个能同时控制气门开闭时间及升程等两种不同情况的气门控制系统，就是现在大家耳熟能详的 VTEC 机构。一般发动机每缸气门组只由一组凸轮驱动，而 VTEC 系统的发动机却有中低速用和高速用两组不同的气门驱动凸轮，并可通过电子控制系统的自动操纵，两组气门进行自动转换。采用 VTEC 系统，满足了发动机中低速与高速不同的配气相位及进气量的要求，使发动机无论在何速率运转都达到动力性、经济性与低排放的统一和极佳状态。需要说明的是，发动机采用可变配气定时技术获得上述好处的同时没有任何负面影响，换句话说，就是没有对于发动机的工作强度提出更高的要求。

VTEC 的设计就好像采用了两根不同的凸轮轴，一根用于低转速，另一根用于高转速，但是 VTEC 发动机的不同之处就在于将这样两种不同的凸轮轴设计在了一根凸轮轴上。

本田发动机进气凸轮轴中，除了原有控制两个气门的一对凸轮（主凸轮和次凸轮）和一对摇臂（主摇臂和次摇臂）外，还增加了一个较高的中间凸轮和相应的摇臂（中间摇臂），三根摇臂内部装有由液压控制移动的小活塞。

发动机低速时，小活塞在原位置上，三根摇臂分离，主凸轮和次凸轮分别推动主摇臂和次摇臂，控制两个进气门的开闭，气门升量较少，情形好像普通的发动机。

虽然中间凸轮也推动中间摇臂，但由于摇臂之间已分离，其他两根摇臂不受它的控制，所以不会影响气门的开闭状态。发动机达到某一个设定的高转速时，电脑指挥电磁阀起动液压系统，推动摇臂内的小活塞，使三根摇臂锁成一体，一起由中间凸轮驱动，由于中间凸轮比其他凸轮都高，升程大，所以进气门开启时间延长，升程也增大了。当发动机转速降低到某一个设定的低转速时，摇臂内的液压也随之降低，活塞在回位弹簧作用下退回原位，三根摇臂分开。

整个 VTEC 系统由发动机电子控制单元控制，ECU 接收发动机传感器（包括转速、进气压力、车速、水温等）的参数并进行处理，输出相应的控制信号，通过电磁阀调节摇臂活塞液压系统，从而使发动机在不同的转速工况下由不同的凸轮控制，影响进气门的开度和时间。

本田的 VTEC 发动机技术已经推出了十年左右，事实也证明这种设计是可靠的。它可以提高发动机在各种转速下的性能，无论是低速下的燃油经济性和运转平顺性还是高速下的加速性。可以说，在电子控制阀门机构代替传统的凸轮机构之前，本田的 VTEC 技术可以说是一种很好的方法。

任务实施

一、观察进气控制装置的构造

操作一：观察五菱小旋风车型进气控制装置结构组成。

（1）观察五菱小旋风车型，了解空气滤清器位置。

（2）观察五菱小旋风车型，了解节气门体位置及节气门位置传感器。

（3）观察五菱小旋风车型，了解怠速空气控制阀位置，如图 3-43 所示。

（4）观察五菱小旋风车型，了解进气温度压力传感器位置，如图 3-44 所示。

图 3-43　怠速空气控制阀（步进电机式）位置图

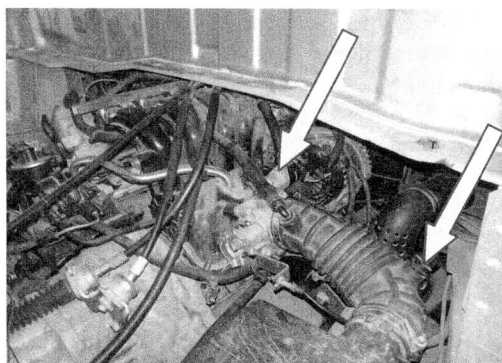

图 3-44　进气压力传感器、进气温度传感器位置图

操作二：观察丰田威驰车型进气控制装置结构组成。

（1）观察丰田威驰车型，了解空气滤清器位置。

（2）观察丰田威驰车型，了解节气门体位置及节气门位置传感器，如图 3-45 和图 3-46 所示。

图 3-45　节气门及节气门位置传感器位置图

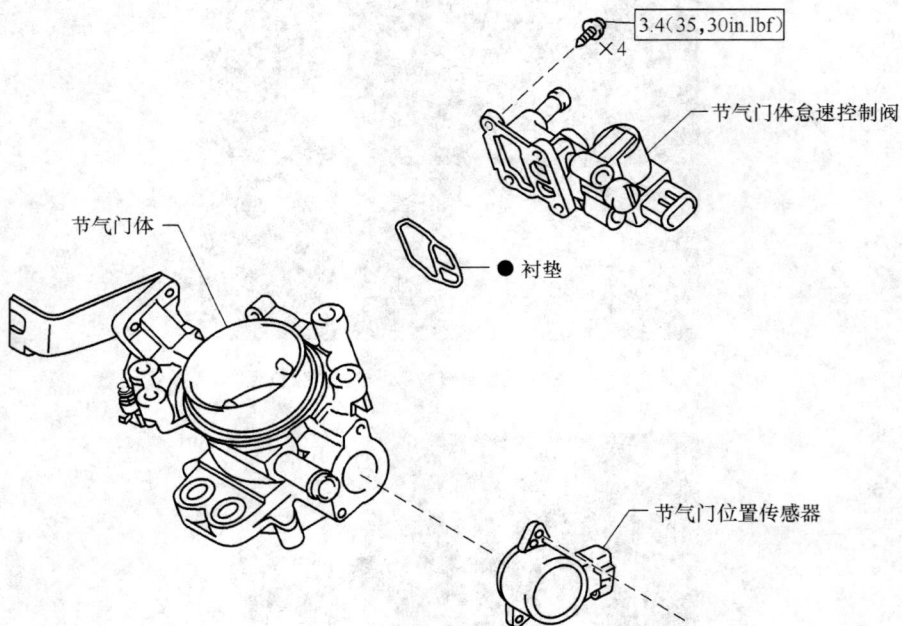

3.4(35,30in.lbf)
×4
节气门体怠速控制阀
节气门体
● 衬垫
节气门位置传感器

图 3-46　节气门及节气门位置传感器位置图

（3）观察丰田威驰车型，了解怠速控制阀位置，如图 3-47 所示。

图 3-47　怠速控制阀位置图

（4）观察丰田威驰车型，了解歧管绝对压力传感器位置，如图 3-48 所示。

二、检测节气门位置传感器

操作：对丰田威驰车型的节气门位置传感器进行检测，如图 3-49 所示。

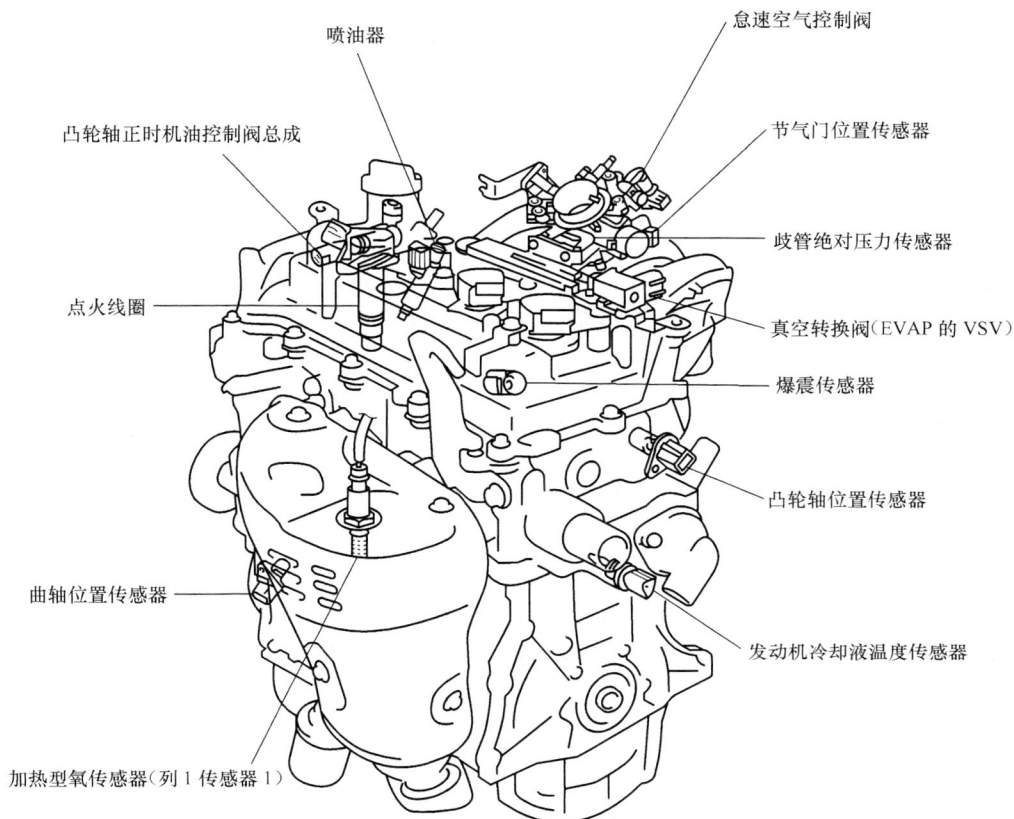

图 3-48 歧管绝对压力传感器位置图

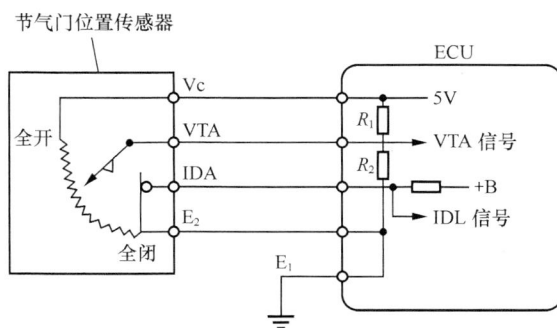

图 3-49 节气门位置传感器电路图

IDL—怠速触点；Vc—工作电压；VTA—节气门位置信号；E2—接地

1. 电阻检测

（1）首先拔下传感器线束插头，用万用表检测信号输出端子"VTA"与搭铁端子"E"之间的阻值。

（2）当止动螺钉与挡杆之间的间隙为零时，也就是传感器处于初始状态时，阻值应为 0.2～6kΩ。

（3）当节气门全开时，阻值应为 1.5～3kΩ。检测传感器电源端子"Vc"与搭铁端子"E"之间的阻值应为 1～10kΩ。

2. 电压检测

（1）当用万用表电阻挡检测线束电阻时，断开点火开关，拔下电控单元和传感器线束插头，检测两插头上相应端子之间的导线电阻值应当小于 0.5Ω。如阻值偏差过大或为∞，说明线束与端子接触不良或断路，应进行相应的修理。

（2）接通点火开关，用万用表直流电压挡检测传感器的电源电压应为 5.0V。

（3）当节气门关闭时，检测传感器的信号电压应为 0.5～1.0V；当节气门开度逐渐增大时，信号电压应随之升高。

（4）当节气门全开时，信号电压应为 4.0～4.8V。如检测结果不符合上述数值，则为传感器已经损坏或失灵，应更换。

三、歧管绝对压力传感器

操作：对丰田威驰车型的歧管绝对压力传感器进行检测。

1. 检测电源电压

（1）断开歧管绝对压力传感器连接器。

（2）将点火开关打到"ON"。

（3）用电压挡测量端子间的电压，如图 3-50 所示。

（4）将点火开关打到"OFF"。

（5）连接歧管绝对压力传感器连接器。

标准电压

检 测 连 接	规 定 状 态
3（VC）-1（E2）	4.75～5.25V

2. 检测供电电压

（1）从歧管绝对压力传感器上断开真空软管。

（2）将点火开关打到"ON"。

（3）连接万用表至 ECM 侧的端子 E9-12 (PIM) 和 E9-29 (E2PM)，然后测量大气压力下的输出电压，如图 3-51 所示。

（4）用真空泵获得下列真空度。测量步骤（3）中的电压降低值。

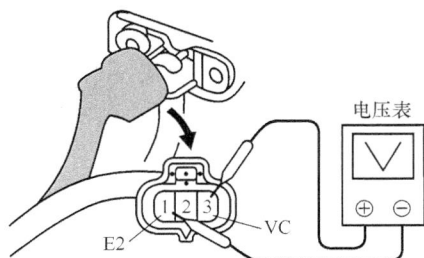

图 3-50　歧管绝对压力传感器检测图

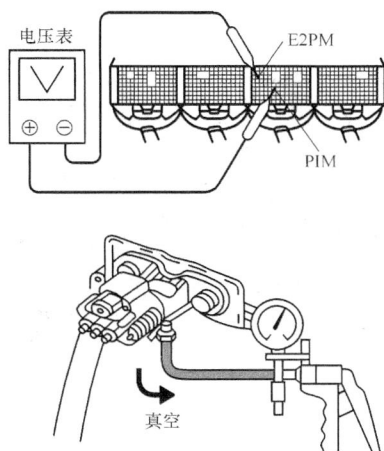

图 3-51　歧管绝对压力传感器检测图

标准电压

获得真空度/kPa	电压降低/V
13.3	0.25～0.55
26.7	0.65～0.95
40.0	1.05～1.35

四、电控节气门系统清洁

操作：对电子节气门进行清洁。

（1）把节气门前端的进气管拆下，如图 3-51 所示，拧松这两颗螺丝，轻轻拔下，如图 3-52 所示。

图 3-52　节气门清洁图

（2）用毛巾垫在节气门下方，防止节气门清洗液掉落，如图 3-53 所示。

（3）用电子节气门清洗剂，对准节气门表面进行喷射，喷射完后静静等待 3min，让液体充分分解积炭，如图 3-54 所示。

图 3-53　节气门清洁图

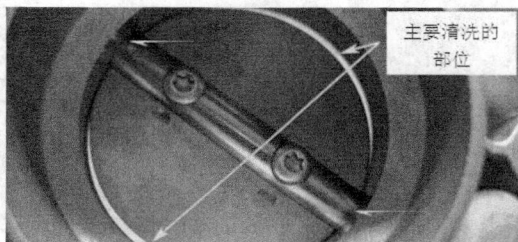

图 3-54　节气门清洁图

（4）打开点火开关到"ON"挡，不用发动，通电就好。并把油门踩到底，然后对准节气门表面及轴进行喷射清洗。

（5）起动发动机，如果起动困难，则相应加点油门。然后将发动机转速加至 1200～2000r/min，对准节气门内腔进行清洗（注意控制发动机转速）。

（6）将车熄火，关闭发动机。将节气门连接管恢复原状，重新起动发动机，怠速运转 3～5min 后急加速 2～3 次，转速控制在 3000r/min 左右，如图 3-55 所示。

图 3-55　节气门清洁图

五、对上汽通用五菱小旋风车型电控进气系统常见故障进行检测与排除

电控燃油供给系统常见故障有：进气不足，怠速不稳或起动困难；动力不足，加速无力；控制异常，油耗增加；声音异常，怠速偏高等四种故障，如图 3-56 所示。

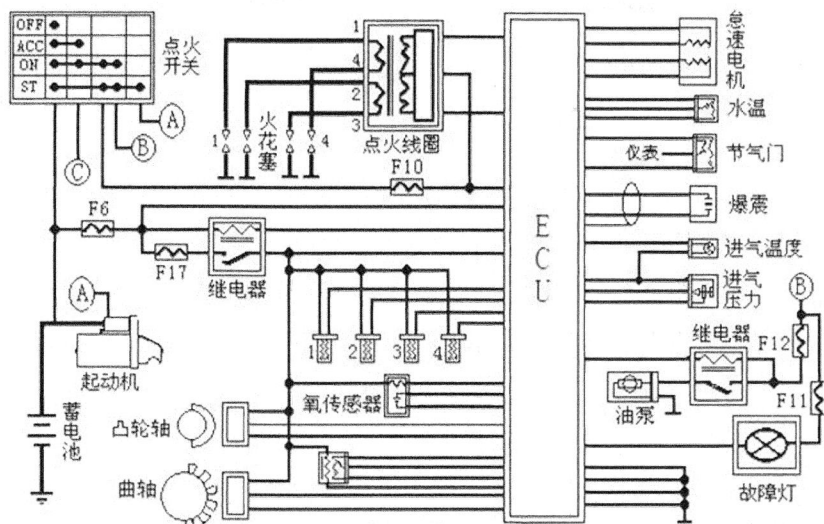

图 3-56 进气系统电路图

操作一：进气不足，怠速不稳或起动困难的故障。

1. 故障现象

起动发动机时，进气量不足，造成怠速不稳定，甚至起动困难。

2. 故障原因

（1）进气系统有漏气。

（2）空气滤清器堵塞严重。

（3）歧管绝对压力传感器故障。

（4）怠速控制阀或附加空气阀故障。

（5）怠速调整不良。

3. 故障诊断与排除

（1）起动发动机，检查进气系统是否有漏气现象。

（2）关闭发动机状态下，拆卸滤清器，检查是否因太脏而堵塞，若是则清洁或更换。

（3）检测歧管绝对压力传感器是否有故障。

（4）起动发动机，检查怠速是否良好，若怠速良好应检查、调整怠速控制阀。

操作二：动力不足，加速无力的故障。

1. 故障现象

起动发动机后，动力不足，加速无力。

2. 故障原因

（1）空气滤清器堵塞严重。

（2）歧管绝对压力传感器故障。

（3）节气门调整不当，不能全开。

3. 故障诊断与排除

（1）关闭发动机状态下，拆卸滤清器，检查是否因太脏而堵塞，若是则清洁或更换。

（2）检测歧管绝对压力传感器是否有故障。

（3）检测节气门位置传感器是否有故障。

操作三：控制异常，油耗增加的故障。

1. 故障现象

发动机运转时，油耗增加等现象。

2. 故障原因

（1）歧管绝对压力传感器在车高速时，信号出现偏差，大于正常数值。

（2）进气温度传感器信号出现偏差，造成 ECU 不能够准确判断空气温度而配油超高。

（3）节气门位置传感器信号出现偏差，造成 ECU 不能够准确判断。

3. 故障诊断与排除方法

（1）检测歧管绝对压力传感器是否有故障。

（2）检测节气门位置传感器是否有故障。

（3）检测进气温度传感器是否有故障。

操作四：声音异常，怠速偏高的故障。

1. 故障现象

发动机运转时，声音异常，怠速偏高等现象。

2. 故障原因

（1）节气门接口垫处有泄漏的部位。

（2）进气歧管连接处有泄漏的部位。

（3）节气门后方进气管路中有泄漏的部位。

3. 故障诊断与排除方法

（1）起动发动机，检查节气门接口垫处是否有泄漏。

（2）发动机运转下，检查进气歧管连接处是否有泄漏。

（3）发动机运转下，检查节气门后方进气管路中是否有泄漏。

任务三　电控发动机的排放控制系统

任务描述

在汽车排出的成分中，CO、HC 和 NO_x 是主要的污染物质，因此，目前汽车的排污标准和净化措施也旨在降低这三种成分的含量。为此在汽车上采取了下列净化措施：

（1）电子燃油喷射（EFI），减少废气 HC、CO 和 NO_x 的排放量；

（2）三元催化装置（TWC），减少废气 HC、CO 和 NO_x 的排放量；

（3）油箱蒸发物排放控制（EVAP），减少 HC 气体排放量；

（4）废气再循环（EGR），减少 NO_x 排放量；

（5）曲轴箱强制通风（PCV），减少 HC 气体的挥发；

（6）二次空气供给，减少 HC、CO 的排放量。

本任务仅对二次空气供给系统、油箱蒸发物排放控制系统、三元催化装置、废气再循环控制系统和曲轴箱强制通风系统加以说明。

知识准备

一、汽车的公害

汽车的公害主要包括三个方面。

（1）排气对大气的污染。在大气污染中，汽车排放所造成的污染占有相当大比重。据有关资料介绍，大气中所含 CO 的 75%、HC 和 NO_x 的 50% 来源汽车的排放。

（2）噪声对环境的污染。

（3）电气设备对无线电广播及电视的电波干扰，这只是局部问题。

由于排污的危害很大，而且排气净化问题已成为当前汽车工业发展中起决定性作用的因素之一，因此排放的控制在国外汽车的发展中越来越受重视。

汽油是多种碳氢化合物的混合物。在发动机气缸内，汽油和空气混合并燃烧，大部分生成 CO_2 和 H_2O，依据燃烧条件，也有一部分由于不完全燃烧而生成 CO 和 HC 化合物。此外，当燃烧温度很高时，空气中的氮与未燃的氧起反应，生成 NO_x 其中 CO、HC 和 NO_x 气体对人类和环境都会造成很大危害。

二、汽车排污的来源

汽车排污的来源有三方面。

（1）从排气管排出的废气，主要成分是 CO、HC 和 NO_x，其他还有 SO_2、铅化合物和炭烟等。

（2）曲轴箱窜气，即从活塞与气缸之间的间隙漏出的，再自曲轴箱经通气管排出的燃烧气体，其主要成分是 HC。

（3）从油箱盖挥发、油泵接头挥发、油泵与油箱的连接处挥发出的汽油蒸气，成分是 HC。

三、曲轴箱通风（Positive Crankcase Ventilation，即 PCV）控制系统

1. 目的

燃烧室内的混合气和燃烧后的废气顺着活塞和气缸体的内壁漏入曲轴箱内，将稀释和污染机油，造成机油的润滑性能下降，因此必须将这些污染物从曲轴箱内排出；此外曲轴箱内的压力随发动机转速升高而增加，如果不通风，会将机油从油封或气缸垫压出。为环保，将这些进入曲轴箱的气体导入进气歧管，使其重新燃烧。为解决此问题，一般都采用曲轴箱强制通风系统。

2. 结构

在曲轴箱和进气歧管间安装一根管子和一个强制通风阀（PCV 阀）。利用歧管真空度将窜气吸入进气管燃烧，通过 PCV 阀改变进入气缸重新燃烧的窜缸混合气量，如图 3-57、图 3-58 所示。

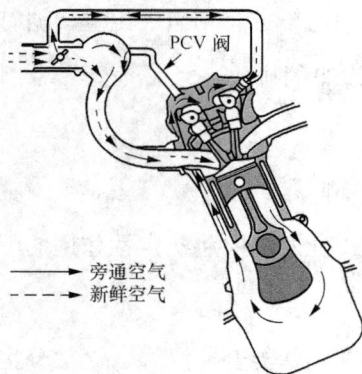

图 3-57　曲轴箱强制通风系统结构图

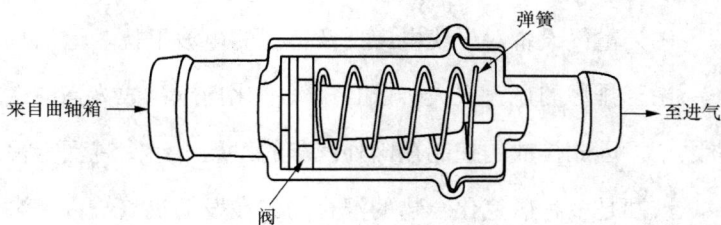

图 3-58　曲轴箱强制通风系统 PCV 阀结构图

3．原理

（1）PCV 阀位置——发动机不工作时，如图 3-59 所示。

（2）PCV 阀位置——发动机正常工作时，如图 3-60 所示。

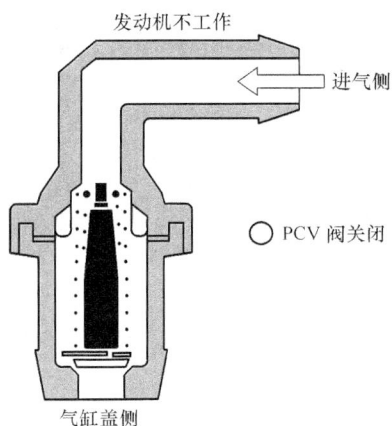

图 3-59　PCV 阀在发动机不工作时的状态图

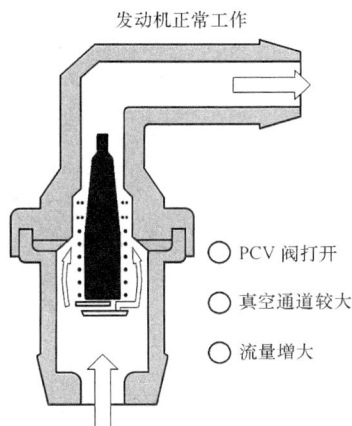

图 3-60　PCV 阀在发动机正常工作时的状态图

（3）PCV 阀位置——加速或大负荷时，如图 3-61 所示。

（4）PCV 阀位置——回火时

发动机发生回火时，火焰通过进气管进入 PCV 阀体内，火焰的压力压紧 PCV 阀使其关闭，以防止火焰传到曲轴箱中。如果系统中没有 PCV 阀，发动机回火时，曲轴箱中的蒸气就有可能发生爆炸。

四、三元催化转化器

1．功用

利用转换器中的三元催化剂，将发动机排出废气中的有害气体转变为无害气体。

图 3-61　PCV 阀在发动机加速或
大负荷工作时的状态图

2．结构

三元催化转换器安装在排气消声器前面，由三元催化转换芯子和外壳等构成，如图 3-62 所示。大多数三元催化转换芯子以蜂窝状陶瓷作为承载催化剂的载体，在陶瓷载体上浸渍铂（或钯）和铑的混合物作为催化剂。

3．工作情况

在正常情况下，废气中的 HC、CO、NO_x 及 O_2 在一起加热到 500℃ 也不会产生化学反应，

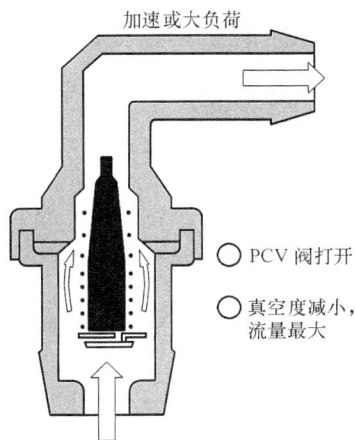

让这些气体经过上述催化剂后，就会转化为无害的 CO_2、H_2O 和 N_2。

汽车上如果使用含铅汽油，催化剂表面就会因铅覆盖而失效，如图 3-63 所示。

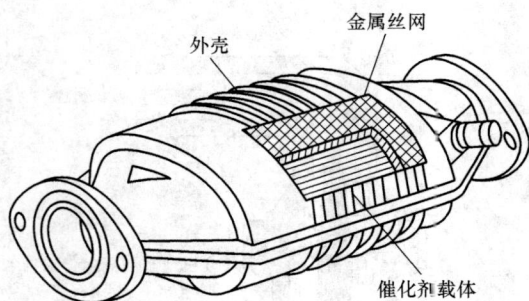

图 3-62 三元催化转化器结构图

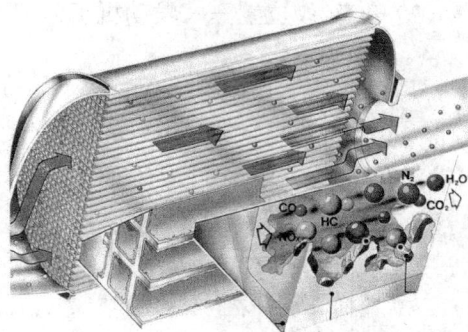

图 3-63 三元催化转化器工作状态图

起始工作温度：260℃时开始工作，300℃时有足够的工作能力。

正常工作温度：500～850℃。

进出口温度差：排气口比进气口温度高 30～100℃。

过高温度：混合气过浓会使催化转换器负担过大，温度升高。若高温（1000～1400℃）持续时间过长，会使催化性能恶化甚至损坏催化转换器，导致排气不畅。若安装排气温度传感器，在温度过高时会报警。

五、废气再循环（Exhaust Gas Recirculation，即 EGR）**控制系统**

1. 作用

将一部分废气引入进气系统，与新鲜的燃油混合气混合，使混合气变稀，从而降低了燃烧速度，燃烧温度随之下降，从而有效地减少 NO_x 的生成，如图 3-64 所示。

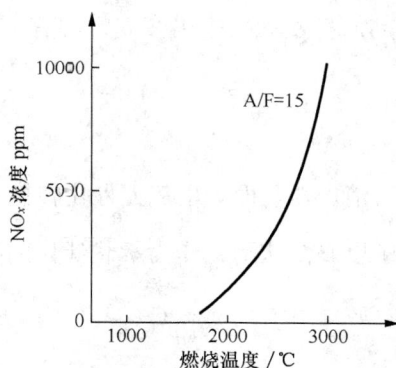

图 3-64 燃烧温度与 NO_x 排放量的关系图

2. 开环控制 EGR 系统

（1）结构如图 3-65 所示。

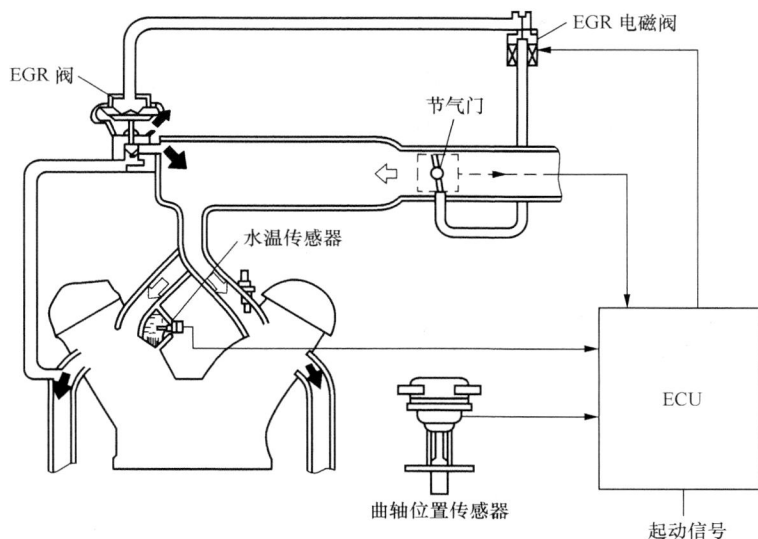

图 3-65　开环控制 EGR 系统图

（2）原理。

发动机工作时，ECU 根据冷却液温度、节气门开度、转速、起动等信号控制 EGR 电磁阀的搭铁电路来控制 EGR 电磁阀的开度，从而控制进入 EGR 阀的真空度，即控制 EGR 阀的开度，改变参与再循环的废气量。

不进行废气再循环的工况有：

① 起动工况。

② 怠速工况。

③ 暖机工况。

④ 转速低于 900r/min 或高于 3200r/min 工况。

EGR 率指废气再循环量在进入气缸内的气体中所占的比率，即：

$$EGR 率=[EGR 量/（进气量+EGR 量）]×100\%$$

有些发动机中，EGR 电磁阀采用占空比控制电磁阀的开度，调节作用在 EGR 阀上的真空度，控制 EGR 阀的开度，以实现对废气再循环量的控制。

在开环控制 EGR 系统中，ECU 根据各传感器信号确定发动机工况，并按其内存的 EGR 率与转速、负荷的对应关系进行控制，而对其控制结果不进行检测。

3. 闭环控制 EGR 系统

在闭环控制的 EGR 系统中，检测实际的 EGR 阀开度作为反馈控制信号，其控制精度更高。

（1）用 EGR 阀开度作为反馈信号的闭环控制 EGR 系统，如图 3-66 所示。

EGR 阀开度传感器：向 ECU 反馈电磁阀开度的信号。ECU 根据此信号修正电磁阀开度，使 EGR 率保持在最佳值。

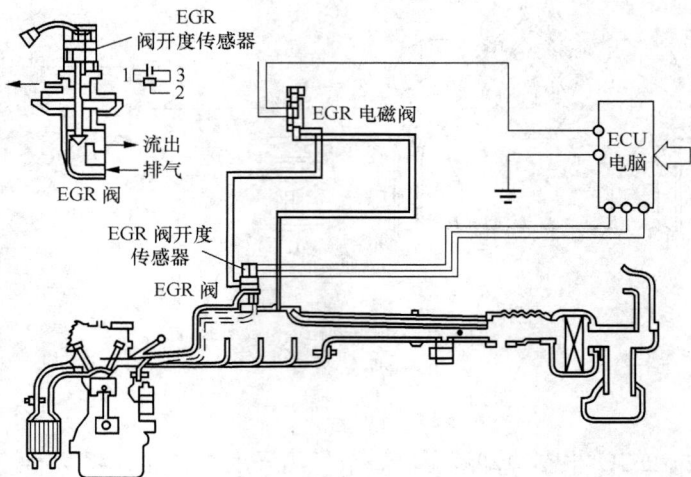

图 3-66　闭环控制 EGR 系统图

（2）用 EGR 率作为反馈信号的闭环控制 EGR 系统，如图 3-67 所示。

EGR 率传感器：安装在进气总管中的稳压箱上，新鲜空气进入稳压箱，参与再循环的废气经 EGR 电磁阀也进入稳压箱。传感器检测稳压箱内气体中的氧浓度并转换成电信号输送给 ECU，ECU 根据此信号修正电磁阀开度，使 EGR 率保持在最佳值。

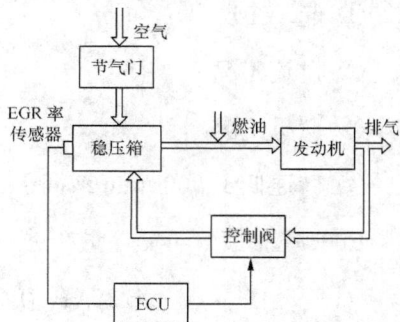

图 3-67　用 EGR 率反馈控制的 EGR 系统图

六、二次空气供给系统

（1）功用。

在一定工况下，将新鲜空气送入排气管，促使废气中的 CO、HC 进一步氧化，从而降低 CO、HC 的排放量。

（2）系统的组成如图 3-68 所示。

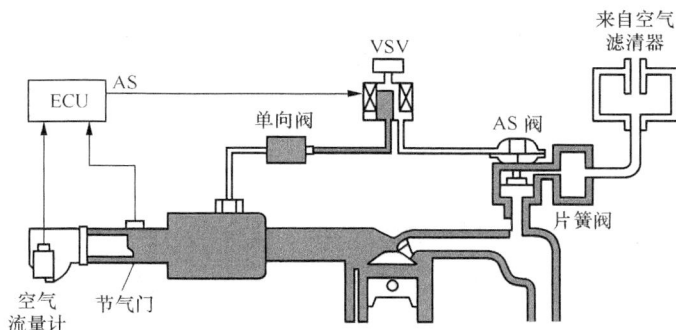

图 3-68　二次空气供给系统图

（3）工作原理。

ECU 控制 VSV 阀的搭铁回路。当 VSV 阀不通电时，关闭通向 AS 阀的真空通道，AS 阀膜片在弹簧作用下下移，关闭二次空气供给通道，系统不工作。

当 ECU 给 VSV 阀通电时，VSV 阀开启 AS 阀的真空通道，进气管真空度将膜片吸起，二次空气进入排气管。

下列情况 ECU 不给二次空气电磁阀通电：

① 电控燃油喷射系统进入闭环控制。

② 冷却液温度超过规定范围。

③ 发动机转速和负荷超过规定值。

④ ECU 发现有故障。

知识拓展

汽车尾气检测

（1）汽车尾气主要含有：CO、HC，NO_x 等。

① CO——无色、无味的有毒气体。由混合气过浓产生。

② HC——包括未燃烧和未完全燃烧的燃油、润滑油及其裂解产物和部分氧化物。产生的原因是混合气燃烧不完全、点火不良或泄漏。

③ NO_x——燃烧过程中形成的多种氮氧化物，主要是 NO，还有 NO_2、N_2O_3、N_2O_5 等。是混合气在高温、富氧下燃烧时产生的。

（2）汽车尾气分析仪。

汽车排气分析仪是一种用来检测汽车尾气中各种气体元素含量指标的一种仪器。汽车排气分析仪是利用不分光红外线和电化学传感器对汽车排气中主要组分 CO、HC、CO_2、NO_x 和 O_2 的测量分析。

任务实施

一、检查曲轴箱强制通风控制阀

曲轴箱强制通风控制阀通常安装在阀门罩的下面。其具体位置可参阅汽车使用手册。

一般性检查是将曲轴箱强制通风控制阀从阀门罩上取下，然后摇一摇，如果有喀嗒声，阀门就是正常的。

比较精确的检查步骤如下。

（1）将转速表接到发动机上。

（2）当发动机作息速动转时，将曲轴箱强制通风控制阀从它的底座上取下。

（3）检查转速表读数。用手指按住阀门的入口或者软管的入口，这时应该感觉到有吸力。

（4）再次检查转速表。这时，发动机的转速应该至少下降 50r/min，将手指从阀门的端口放开以后，发动机的转速应该恢复到正常值。

（5）如果用手指按住阀门或软管的端口时，发动机的转速并不改变或者改变的数值低于 50r/min，那就是软管被堵塞或者阀门失效。先检查软管，如果软管没有被堵塞，就更换曲轴箱强制通风控制阀。

二、三元催化转化器

1. 外观检查

检查催化转化器在行驶中是否受到损伤以及是否过热。将车辆升起之后，观察催化转化器表面是否有凹陷，如有明显的凹痕和刮擦，则说明催化转化器的载体可能受到损伤。观察催化转化器外壳上是否有严重的褪色斑点或略有呈青色和紫色的痕迹，在催化转化器防护罩的中央是否有非常明显的暗灰斑点，如有则说明催化转化器曾处于过热状态，需做进一步的检查。

用拳头敲击并晃动催化转化器，如果听到有物体移动的声音，则说明其内部催化剂载体破碎，需要更换催化转化器。同时要检查催化转化器是否有裂纹，各连接是否牢固，各类导管是否有泄漏，如有则应及时加以处理。此方法简单有效，可快速检查催化转化器的机械故障。

由于催化剂载体破损剥落、油污聚集，容易阻塞载体的通道，使流动阻力增大，这时可通过测量其压力损失来进行检查。

2. 背压试验

在催化转化器前端排气管的适当位置上打一个孔，接出一个压力表，起动发动机，在怠速和 2500r/min 时，分别测量排气背压，如果排气背压不超过发动机所规定的限值，则表明催化剂载体没有被阻塞。

如果排气背压超过发动机所规定的限值，则需将催化转化器后端的排气系统拆掉，重复以上的试验，如果催化转化器阻塞，排气背压仍将超过发动机所规定的限值。如果排气背压下降，则说明消声器或催化转化器下游的排气系统出现问题。破碎的催化剂载体滞留在下游的排气系统中，所以首先进行外观检查确认催化剂载体完整是非常必要的。有问题的排气管、消声器和催化转化器也可通过测量其前后的压力损失来判断。

3. 真空试验

将真空表接到进气歧管上，起动发动机，使其从怠速逐渐升至 2500r/min，观察真空表的变化，如果这时真空度下降，保持发动机转速 2500r/min 不变，此后真空度读数明显下降，则说明催化转化器有阻塞。

因为催化转化器的阻塞在真空试验中是一个渐变的过程，而此试验是一个稳态的过程，真空度读数不会产生明显的下降。如果是在试验室进行一个催化转化器阻塞前后的对比检查，则催化转化器阻塞后，进气歧管真空度会发生明显下降。但进气歧管真空度下降，并不能完全说明是由催化转化器阻塞造成的。发动机供油量减少时，进气歧管的真空度也会下降。因此与真空试验相比，排气背压试验更能真实反映催化转化器的情况。

以上方法只能检查催化转化器机械故障，催化转化器的性能好坏，也就是其转化效率的高低，则需要通过下列的检查来判断。

4. 加热催化

催化转化器在正常工作状态下，由于氧化反应产生了大量的反应热，因此可通过温差对比来判断催化转化器性能的好坏。起动发动机，预热至正常工作温度，将发动机转速维持在 2500r/min 左右，将车辆举升，用数字式温度计（接触式或非接触式红外线激光温度计）测量催化转化器进口和出口的温度，需尽量靠近催化转化器（50mm 内）。

催化转化器出口的温度应至少高于进口温度 10%～15%，大多数正常工作的催化转化器，其催化转化器出口的温度高于进口温度 20%～25%。如果车辆在主催化转化器之前还安装了副催化转化器，则主催化转化器出口温度应高于进口温度 15%～20%，如果出口温度值低于以上的范围，则催化转化器工作不正常，需更换。如果出口温度值超过以上范围，则说明废气中含有异常高浓度的 CO 和 HC，需对发动机本身做进一步的检查。

5．其他方法

通过对比整车排放情况来判断催转化器效率的方法是不科学的。因为汽车排放的好坏与各系统的工作状况有关，不可排除的误差因素较多。

如用冷热怠速时的排气浓度变化来检查催化转化器转化效率就是不太准确的方法。发动机冷车时，由于气缸壁较冷，燃烧不完全而产生大量的 CO 和 HC，而发动机热车怠速时，由于燃烧条件好转，发动机已处于闭环控制状态，不需要催化转化器的作用，排气浓度也会大大降低。因此，此项检查不能保证检查出催化转化器的转化效率，可比性较差。

三、EGR 控制系统的检修

1．检查 EGR 电磁阀

（1）冷态下测量电阻值为 33～39 Ω。

（2）电磁阀不通电时，从进气管侧接头吹入空气应畅通，从通大气的滤网处吹入空气应不通；当给电磁阀接通蓄电池电压时，吹气通畅情况应相反，如图 3-69 所示。

2．检查 EGR 阀

用手动真空泵给 EGR 阀膜片上方施加约 15kPa 的真空度时，EGR 阀应能开启；不施加真空度时，EGR 阀应完全关闭，如图 3-70 所示。

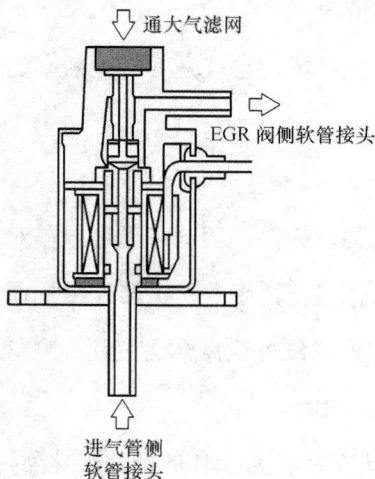

图 3-69　EGR 阀检查图

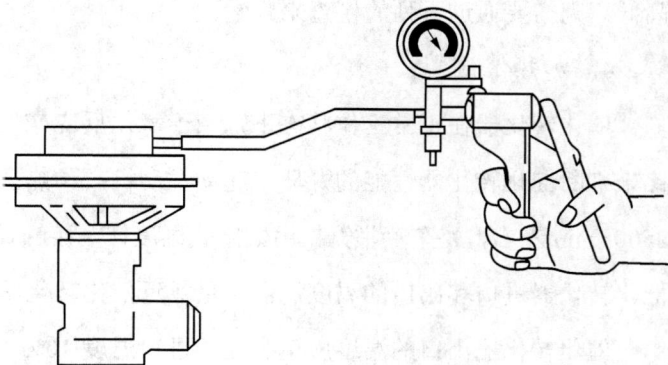

图 3-70　EGR 施加真空图

四、二次空气供给系统检修

1. 检查 AS 阀

拆下 AS 阀，从空滤器侧软管接头吹入空气应不漏气。用手动真空泵从真空管接头施加 20kPa 的真空度，从空滤器侧软管接头吹入空气应畅通，从排气管接头吹入空气应不漏气。

2. 检查 VSV 阀

（1）测量电磁阀电阻值，一般为 36～44 Ω。

（2）拆开 VSV 阀上的软管，电磁阀不通电时，从进气管侧接头吹入空气应不通，从通大气的滤网处吹入空气应畅通。

（3）当给电磁阀接通蓄电池电压时，吹气通畅情况与上述相反。

3. 整体检查

（1）从空滤器上拆下二次空气供给软管，用手指盖住软管口检查。

（2）发动机温度在 18～63℃ 范围内怠速运转时，有真空吸力。

（3）发动机温度在 63℃ 以上，起动后 70s 内应有真空吸力，起动 70s 后应无真空吸力。

（4）发动机转速从 4000r/min 急减速时，应有真空吸力。

知识拓展

使用尾气分析仪对汽车尾气检测

操作一：安装汽车尾气取样管。

（1）先拔下尾气抽排吸头侧面的塞堵，再从排气管上取下上尾气抽排管吸头。将尾气分析仪的取样管插入尾气抽排管上的小孔内，如图 3-71 所示。

（2）先将取样管插入车辆的排气管，再将尾气抽排管吸头套接在车辆的排气管上，如图 3-72 所示。

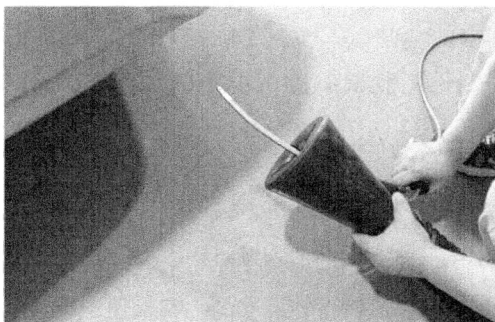

图 3-71　安装尾气取样管图

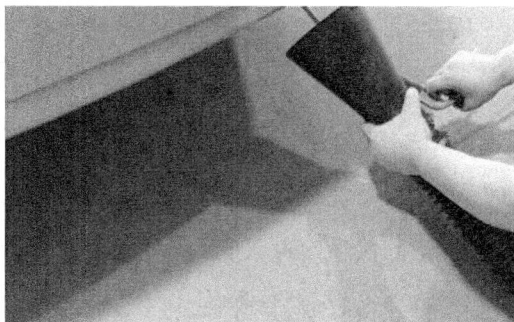

图 3-72　安装尾气取样管图

（3）如果将尾气抽排管吸头和尾气分析仪取样管全部插入到位，就认为符合取样管插入深度大于 400mm 的要求，如图 3-73 所示。

（4）选手读取尾气检测值后，应在选手记录台的尾气排放测量选手记录表中填写检测结果，并作出合格或不合格判定，无须在选手作业表的记录项中再进行记录。

操作二：使用博世 BEA060 汽车排放气体分析仪检测汽车尾气。

（1）安装气体分析仪。

（2）BEA060 设备开机。

① 连接 BEA060 设备电源线至外部供电电源。

② 按一下设备面板上的电源开关键，起动设备 BEA060 硬件，如图 3-74 所示。

图 3-73　安装尾气取样管图

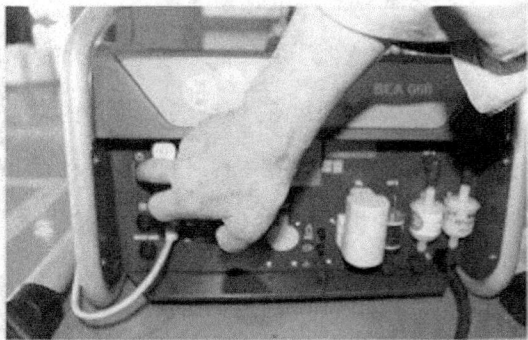

图 3-74　起动 BEA 设备图

③ 观察设备电源指示灯状态是否为橙色和绿色之间 1s 交替闪烁。若电源指示灯不点亮，则说明 BEA060 供电有问题；如果指示灯闪烁状态异常，则为设备硬件故障。

（3）起动测试程序软件。

① 单击计算机桌面上的 Bosch-Emision-Analysis 图标，起动排放分析仪测试软件，如图 3-75 所示。

② 在测试程序的起动初始界面，单击功能键 F5[诊断测试]，测试程序进入到诊断测试界面，如图 3-76 所示。

③ 在诊断测试界面，单击 F12[下一步]（此时测试程序默认为：发动机和尾气数据采集测试项），测试程序进入到"零点校准"及"HC 残留测试"阶段。

④ 待设备完成自检测过程，计算机屏幕上会出现测试参数数值（如：氧气值的显示）。

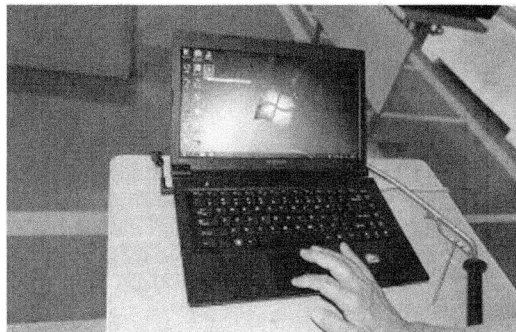

图 3-75　起动分析仪软件图

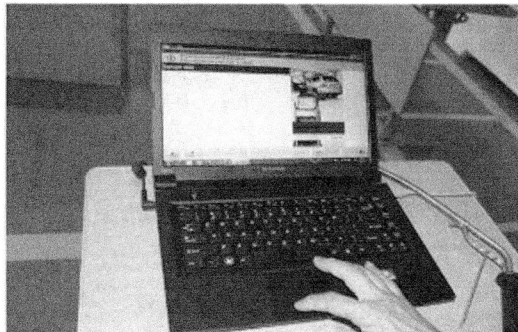

图 3-76　分析仪测试尾气程序图

（4）测试数据记录。

① 车辆暖机 1min（指从起动发动机暖机到按下尾气分析仪的测量键之间的时间）后，即可将尾气分析仪的取样管插入车辆的排气管中进行尾气检测。

② 按下尾气分析仪的测量键，当计算机屏幕上的 CO_2 数值大于 6%后，开始记录 CO、CH、CO_2、O_2、λ 数值。

（5）退出测试程序软件。

① 单击软件 ESC（退出键）及 F4（确认键），关闭计算机排放测试程序。

② 将尾气分析仪的取样管回收至指定位置放置。

（6）测试设备关机。

待 BEA060 的抽气泵停止工作后，按住电源开关键 3s，即可关闭尾气分析仪的电源，此时电源指示灯熄灭。

点火系统在发动机运转时所扮演的角色是在发动机任何转速及不同的发动机负荷下，均能在适当的时机提供足够的电压，使火花塞能产生足以点燃气缸内混合气的火花，让发动机得到最佳的燃烧效率。

知识目标：

◎ 了解电控发动机点火系统的基本结构组成。

◎ 能正确描述电控发动机点火系统的基本原理。

◎ 能正确理解各类型点火系统的区别。

能力目标：

◎ 掌握电控发动机点火系统检测的基本方法。

◎ 掌握电控发动机点火系统故障检测及排除方法。

任务 电控点火系统的构造与检修

任务描述

点火系统利用曲轴位置传感器和凸轮轴位置传感器来感知曲轴位置和活塞位置，将信号传给电子控制单元 ECU，ECU 再结合发动机转速，空气流量传感器，水温，节气门位置传感器等信号，发出信号控制点火器，从而使点火线圈适时的产生高压电，并在火花塞上形成火花。本任务重点掌握电控点火系统的结构组成、分类、原理以及检修。

一、电控点火系统的结构组成

电控点火系统一般由电源、点火开关、传感器、ECU、点火线圈、配电器、火花塞等组成，如图 4-1 所示。

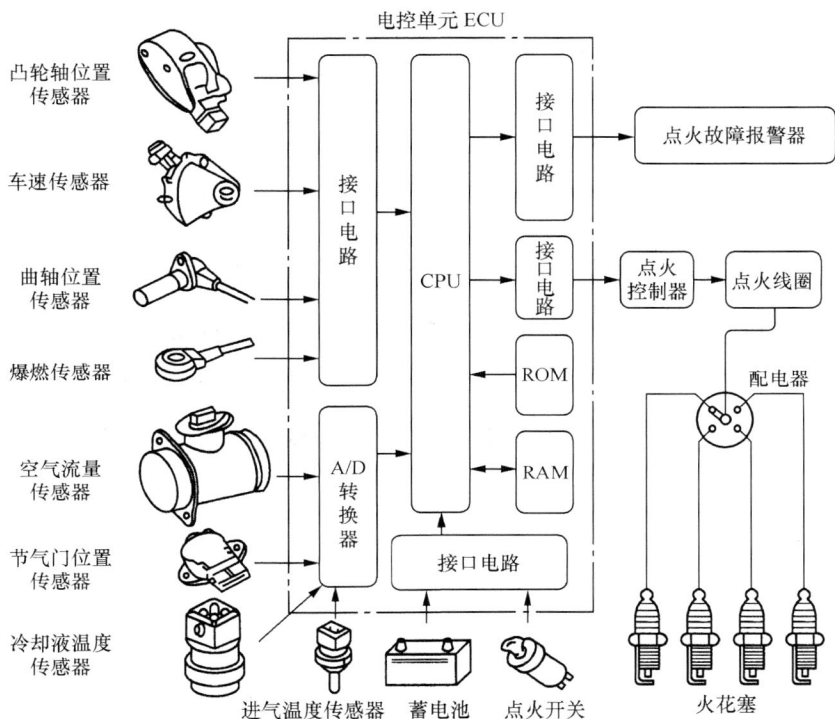

图 4-1　电控点火系统组成

二、电控点火系统的分类

1. 有分电器式的电子控制点火系统

2. 无分电器式的电子控制点火系统

用电子控制装置取代了分电器。系统利用电子分火控制技术将点火线圈产生的高压电直接送给火花塞进行点火。根据点火线圈的数量和高压电分配方式的不同，该点火系统又可分为单缸独立点火和双缸同时点火。

（1）单缸独立点火，如图 4-2 所示。

（2）双缸同时点火，如图 4-3 所示。

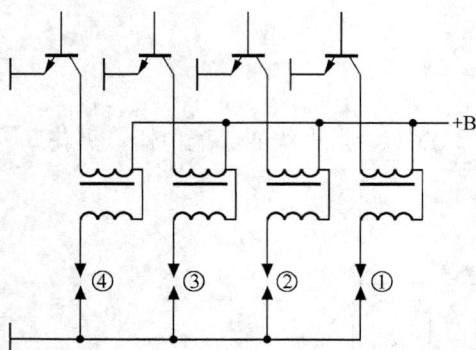

图 4-2　单缸独立点火

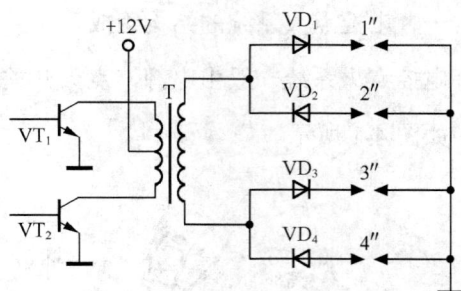

图 4-3　双缸同时点火

三、电控点火系统的原理

发动机工作时，ECU 根据接受到的传感器信号，按存储器中的相关程序和数据，确定出最佳点火提前角和通电时间，并以此向点火器发出指令点火器根据指令，控制点火线圈初级电路的导通和截止。当电路导通时，有电流从点火线圈中的初级电路通过，点火线圈将点火能量以磁场的形式储存起来。当初级电路被切断时，次级线圈中产生很高的感应电动势，经分电器或直接送至工作气缸的火花塞。

知识拓展

通常的点火线圈里面有初级线圈、次级线圈两组线圈。初级线圈用较粗的漆包线，通常用 0.5～1mm 的漆包线绕 200～500 匝；次级线圈用较细的漆包线，通常用 0.1mm 左右的漆包线绕 15000～25000 匝。

点火线圈之所以能将车上低压电变成高电压原因，是由于有与普通变压器相同的形式，即初级线圈与次级线圈的匝数比大。但点火线圈工作方式却与普通变压器不同，普通变压器是连续工作的，而点火线圈则是断续工作的，它根据发动机不同的转速以不同的频率反复进行储能及放能。当初级线圈接通电源时，随着电流的增长四周产生一个很强的磁场，铁芯储存了磁场能；当开关装置使初级线圈电路断开时，初级线圈的磁场迅速衰减，次级线圈就会感应出很高的电压。初级线圈的磁场消失速度越快，电流断开瞬间的电流越大，两个线圈的匝数比越大，则次级线圈感应出来的电压越高，如图 4-4、图 4-5 所示。

图 4-4　单缸独立点火线圈

图 4-5　双缸同时点火线圈

任务实施

一、观察电控点火系统的构造与分类

操作：观察五菱小旋风电控点火系统结构组成。

（1）观察五菱小旋风车型，了解蓄电池位置，如图 4-6 所示。

图 4-6　蓄电池位置

（2）观察五菱小旋风车型，了解点火开关位置，如图 4-7 所示。

图 4-7　点火开关位置

（3）观察五菱小旋风车型，了解点火系统保险丝（F10）位置。（保险盒一般位于驾驶员侧中控台的左下方位置），如图4-8所示。

（4）观察五菱小旋风车型，了解点火系统电控单元（ECU）位置，如图4-9所示。

（5）观察五菱小旋风车型，并打开驾驶座座椅，了解点火线圈位置，如图4-9所示。

图4-8　点火系统保险位置

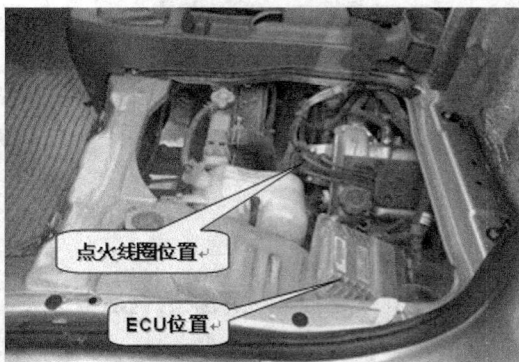

图4-9　ECU、点火线圈位置

（6）观察五菱小旋风车型，了解点火系统高压线的位置，如图4-10所示。

（7）观察五菱小旋风车型，并打开防护盖，了解火花塞的位置，如图4-10所示。

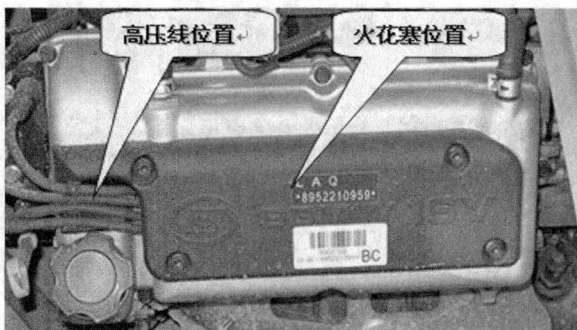

图4-10　高压线、火花塞位置

操作二：观察电控点火系统分类。

（1）观察天津一汽丰田威驰车型点火系统的类型，如图4-11所示。

（2）打开发动机防护罩盖，观察上海大众POLO车型点火系统的类型，如图4-12、图4-13所示。

（3）观察上汽通用五菱小旋风车型点火系统的类型，如图4-14所示。

图 4-11 丰田威驰点火系统

图 4-12 大众 POLO 点火系统

图 4-13 大众 POLO 点火系统

图 4-14 五菱小旋风点火系统

二、对上汽通用五菱小旋风车型电控点火系统检测

操作一：检测高压线。

（1）用万用表对四根高压线的两端进行电阻测量，一般情况不大于 25kΩ，如图 4-15 所示。

（2）拔出高压线，带上火花塞，起动发动机，观察跳火。若发出蓝色火焰，而且很强烈，说明点火线圈工作正常，否则检查点火线圈，如图 4-16 所示。

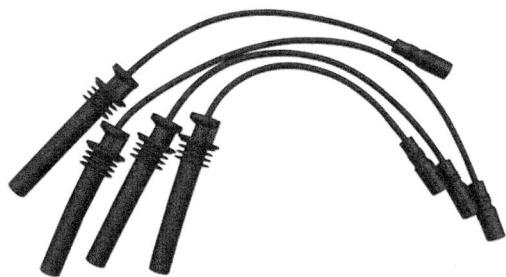

图 4-15 高压线

图 4-16 跳火试验

操作二：检测点火线圈，如图 4-17 所示。

（1）用万用表对点火线圈的初级线圈进行电阻测量，记录阻值，如图 4-18 所示。

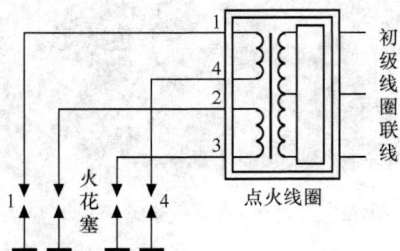

图 4-17　点火线圈原理图

图 4-18　点火线圈测量

（2）用万用表对点火线圈的次级线圈进行电阻测量，记录阻值，如图 4-19 所示。

操作三：检测点火控制电路。

用万用表对电控控制电路进行电压测量，记录电压值，如图 4-20 所示。

图 4-19　点火线圈测量

图 4-20　点火控制电路测量

操作四：检测火花塞。

（1）目测检查火花螺纹处是否完好、陶瓷处是否有裂纹，电极周围是否有积炭、油污以及烧蚀情况，如图 4-21、图 4-22 所示。

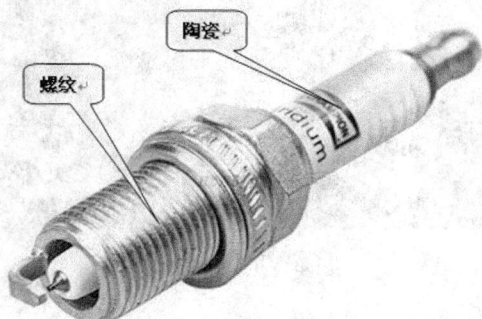

图 4-21　检查火花塞螺纹、陶瓷

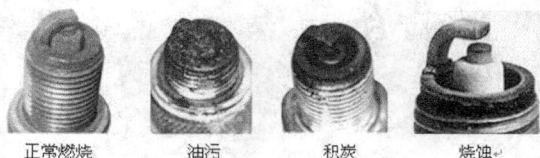

正常燃烧　　油污　　积炭　　烧蚀

图 4-22　检查火花塞电极周围

（2）用厚度尺测量火花塞间隙，记录间隙值，并判断是否符合规定值，如图 4-23 所示。

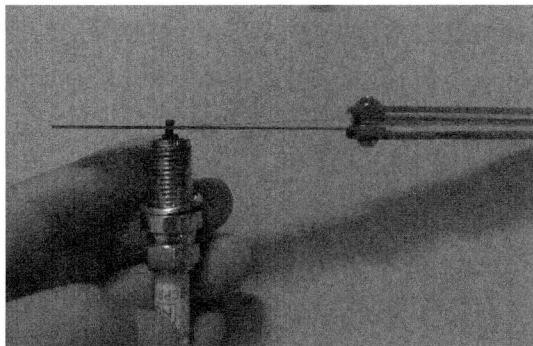

图 4-23　测量火花塞电极间隙

三、对上汽通用五菱小旋风车型电控点火系统常见故障进行检测与排除

点火系统常见故障，如表 4-1 所示。系统电路图，如图 4-24 所示。

表 4-1　　　　　　　　　　　　常见故障表

零部件名称	功　　能	零部件常见故障	车辆故障现象
火花塞	以电极之间的电弧形式将点火能量输入燃烧室，从而使燃烧室内的混合气燃烧	积炭，陶瓷绝缘体破裂，电极间隙过大或过小，电极烧蚀，跳火性能下降等	不能起动，怠速不稳、加速不良（发窜），熄火，排放超标等
高压线	输送高压电	断路或短路	不能起动，怠速不稳、加速不良，熄火，排放超标等故障
点火线圈	将蓄电池或发电机输出的低压电转变为高压电，使火花塞间隙产生足够强度的电火花	线圈断路或短路，点火线圈老化导致点火性能下降	不能起动，怠速不稳、加速不良，熄火，排放超标等故障
点火控制模块（ICM）	放大点火信号传感器或 ECU 的点火信号后，控制点火线圈初级电路的通断	工作不良	不能起动，怠速不稳、加速不良，熄火，排放超标等故障
点火信号传感器	向 ECU 或点火模块发送脉冲点火信号，以激发高压的产生		不能起动，怠速不稳、加速不良，熄火，排放超标等故障
线路	传输电信号	断路或传输不良	不能起动，怠速不稳、加速不良，熄火，排放超标等故障

操作一：发动机不能起动或起动困难。

1. 故障现象

发动机在行驶中突然熄火；起动机带动曲轴运转正常，但是不能起动或起动困难；火花塞湿润。

2. 故障原因

根本原因是无高压火花或火弱。

3. 检测步骤

（1）检查跳火，如无跳火则没有高压电。

（2）如没有高压电，则检测点火控制线，是否有标准电压。

（3）如控制线没有标准电压，检查接线柱与 F10 之间的连接线路，接头。

（4）如控制线有标准电压，检查接线柱与 ECU 之间的连接线路，接头。

（5）检测曲轴与凸轮轴传感器是否有信号，检测传感器与 ECU 之间的连接电路是否连接良好。

（6）如传感器没有信号，则 ECU 故障。

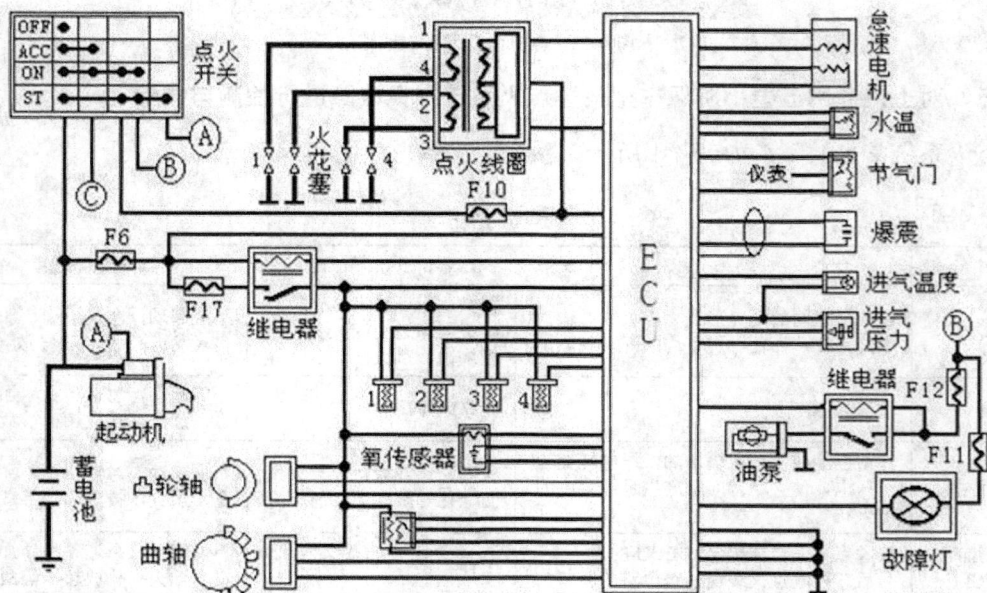

图 4-24　五菱小旋风点火系统电路图

操作二：个别缸不点火。

1. 故障现象

发动机运转不稳，在怠速下机体抖动；排气管冒黑烟或白烟，并发出有节奏的"突突"或放炮声。

2. 故障原因

根本原因是不点火的缸的零部件有损坏。

3. 检测步骤

（1）检查个别气缸的火花塞绝缘体是否破裂、电极间隙是否不当、电极周围是否有油污、积炭。

（2）检查分缸高压线是否脱落或漏电。

（3）检查点火线圈是否存在间歇性断火故障。

（4）检查电控点火系统的信号拾取和指令发出是否有故障。

操作三：点火错乱。

1．故障现象

发动机起动困难，起动后工作不稳定，伴有进气管回火，排气管放炮和爆燃等现象。

2．故障原因

各个缸的高压线相对位置弄乱。

3．检测步骤

检查各个缸的高压线相对位置是否弄乱。

拓展训练

点火正时不准确

1．故障现象

起动困难，不能起动，怠速不稳、加速不良、动力不足、排放超标、回火（点火慢）、爆震（点火快）等故障。

2．检测步骤

（1）起动发动机使达到正常工作温度。

（2）用点火正时枪或诊断仪（如 KT600）检测出点火提前角。

（3）如点火提前角不准确，则检查正时皮带是否跳齿、节气门怠速是否良好。

（4）如正时皮带正常、怠速良好，则检测空气流量计、压力传感器及水温传感器是否工作正常。

（5）如以上都正常，则检测发动机 ECU 是否存在故障，如图 4-25、图 4-26 所示。

名词解析：

点火正时：

在发动机的压缩冲程终了，活塞达到行程的顶点时，点火系统向火花塞提供高压火花以点燃气缸内的压缩混合气，这个时间就是点火正时。为使点火能量最大化，点火正时一般要提前一定的量，所以是在活塞即将到达上止点的那一刻点火，而不是正好达到上止点时才点火，这个提前量为点火提前角。

提示：

电控汽油发动机是由电子控制器 ECU 控制点火系统，其点火提前角包括初始点火提前角、基本点火提前角和修正点火提前角三部分，一般是不可调的，但需要检测，目的是当发现点火提前角不符合要求时，进一步确定是否 ECU 或传感器存在故障。

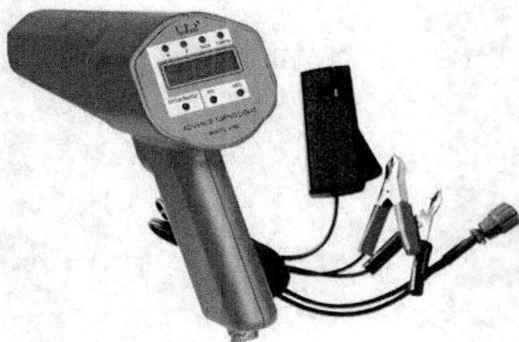

图 4-25　点火正时枪

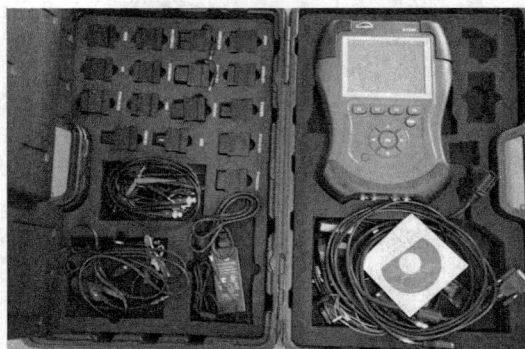

图 4-26　KT600 诊断仪

项目五 5 电控发动机的辅助控制

电控发动机除了两大机构、五大系统以外，还有辅助控制系统，用以辅助发动机更精确的运行。主要包括怠速控制，温度传感器、氧传感器、爆燃传感器，涡轮增压控制，开关信号等其他。

知识目标：

◎ 了解辅助控制系统的基本机构。

◎ 能正确描述辅助控制系统的基本原理。

◎ 能正确理解辅助控制系统的控制过程。

能力目标：

◎ 掌握辅助控制系统拆装的基本方法。

◎ 掌握辅助控制系统检修的方法。

任务一 检测怠速控制系统

任务描述

发动机怠速运转时间约占30%，怠速转速的高低影响着汽车的油耗、排放，运转的稳定性等。而怠速转速的高低则由怠速控制系统进行调节，所以怠速控制系统工作是否良好，直接影响着汽车的经济性、环保性、稳定性。为此本任务着重讲述怠速控制系统的结构原理以及检测方法，以使更好地理解怠速控制系统。

一、怠速控制系统作用与组成

1. 作用

根据发动机工作温度和负载，ECU 自动控制怠速工况下的空气供给量，维持发动机以稳定怠速运转，如图 5-1 所示。

2. 组成

怠速控制系统由各种传感器、信号控制开关、电子控制器、怠速控制阀和节气门旁通空气道等组成，如图 5-2 所示。

图 5-1　怠速控制系统

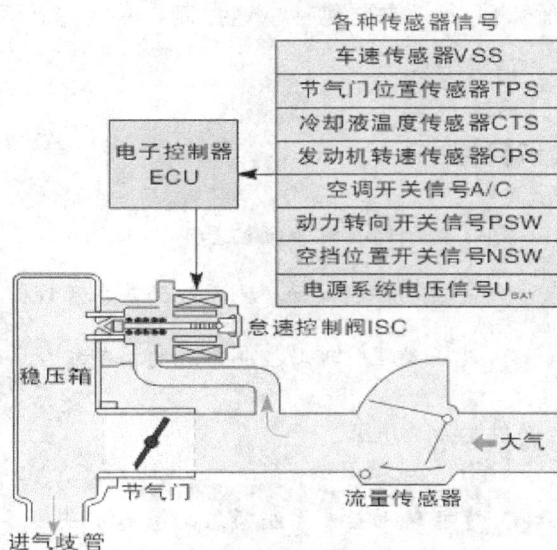

图 5-2　怠速控制系统组成

二、怠速控制的实质

怠速控制内容主要是发动机负荷变化控制和电气负荷变化控制。怠速控制的实质是控制怠速时的充气量（进气量）。

三、怠速控制过程

ECU 首先根据怠速信号和车速信号，判断发动机是否处于怠速状态。当判定为怠速工况时，ECU 再根据发动机冷却液温度传感器、空调开关、动力转向开关等信号，从存储器的怠速转速数据中查询相应的目标转速，然后将目标转速与曲轴位置传感器检测的发动机实际转速进行比较，如图 5-3 所示。

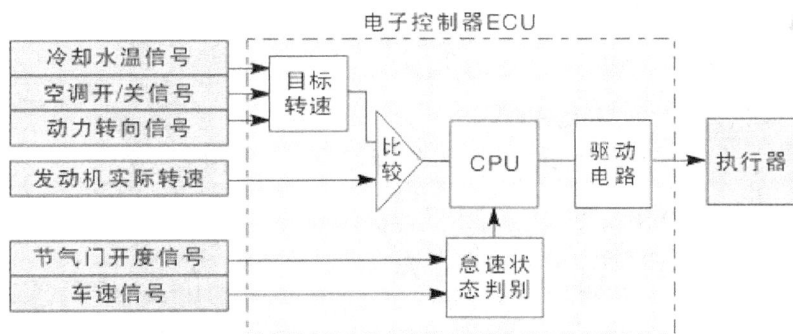

图 5-3　怠速控制系统控制过程

四、怠速控制阀

怠速控制基本类型有节气门直动式控制装置、旁通空气式控制阀两类。其中怠速控制阀属于旁通空气式，就是不过节气门，另开一条气道到进气总管。有步进电动机型怠速控制阀、旋转电磁阀型怠速控制阀、占空比控制电磁阀、开关型怠速控制阀等多种。其中应用最广的是旋转电磁阀型、步进电机型，以下将介绍这两种形式的控制阀，如图5-4 所示。

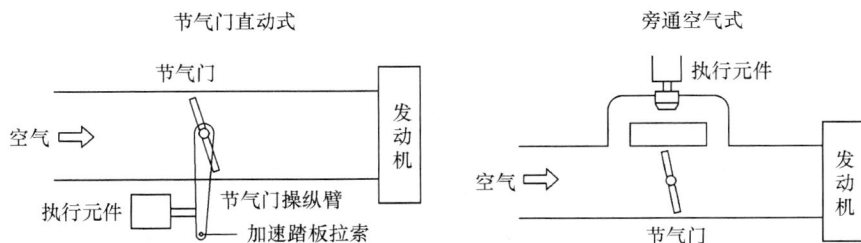

图 5-4　怠速控制系统分类

1. 旋转电磁阀型怠速控制阀

（1）结构与原理。

旋转电磁阀型怠速控制阀结构主要由阀体、阀、线圈、金属片、永久磁铁等所组成。

旋转电磁阀型怠速控制阀原理是 ECU 根据发动机工况发出不同脉冲信号控制两个线圈的通电或断开，以改变两个线圈产生的磁场。两线圈产生的磁场与永久磁铁形成的磁场相互作用，可改变控制阀的位置，从而调节怠速空气口的开度，以实现怠速控制，如图 5-5 所示。

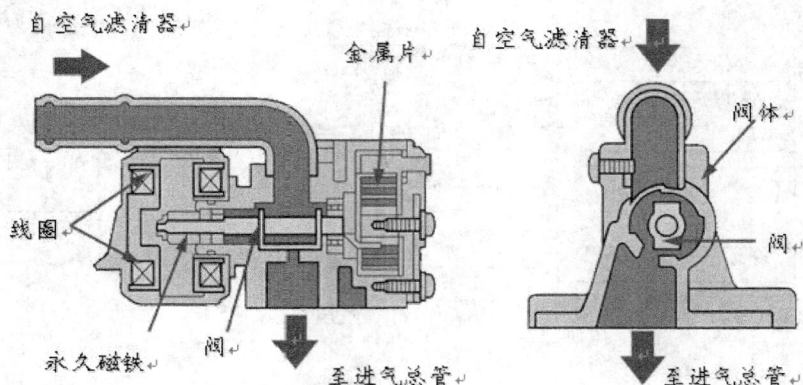

图 5-5　旋转电磁阀怠速控制阀结构

（2）控制内容。

包括起动控制、暖机控制、怠返稳定控制、怠速预测控制和学习控制。

2. 步进电机式怠速控制阀

（1）结构与原理。

怠速步进电机控制阀由转子、定子、阀座、阀芯丝杆结构等组成。丝杆机构将步进电机的旋转运动转变成阀杆的直线运动。阀杆的运动将打开或关闭、开大或开小旁通气道，实现对怠速空气量的控制。步进电机有四线式和六线式两种，如图 5-6 所示。

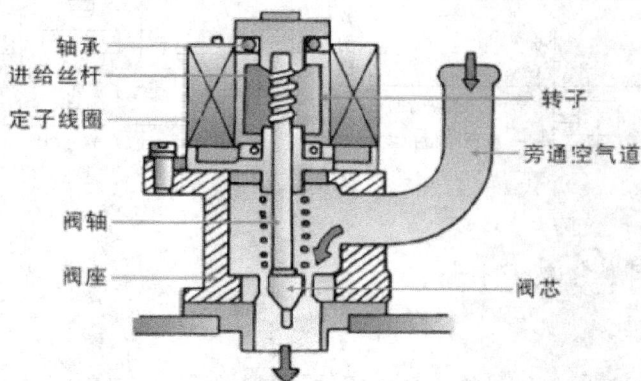

图 5-6　步进电机式怠速控制阀结构

（2）控制内容。

包括起动初始位置的设定，起动控制、暖机控制、怠速稳定控制、怠速预测控制（机械负荷）、电器负荷增多时的怠速控制、学习控制。

一、节气门直动式怠速控制装置

1. 结构

主要由直流电动机、减速齿轮机构、丝杠机构和传动轴等组成，如图 5-7 所示。

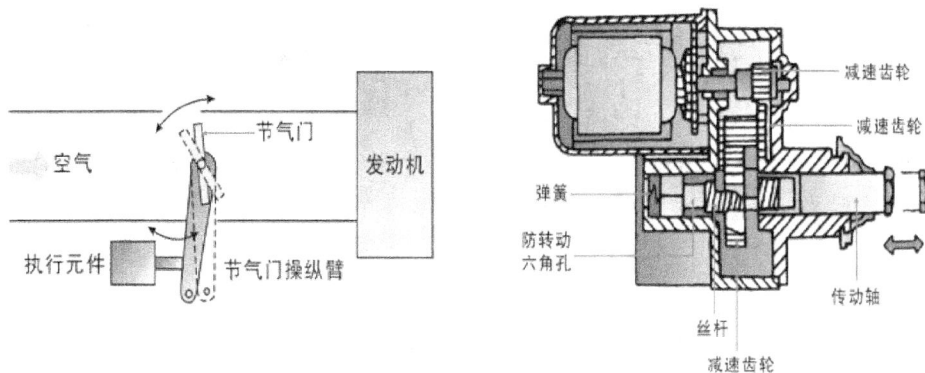

图 5-7　节气门直动式怠速控制装置结构

2. 工作原理

当直流电动机通电转动时，经减速齿轮机构减速增扭后，再由丝杠机构将其旋转运动转换为传动轴的直线运动。传动轴顶靠在节气门最小开度限制器上，发动机怠速运转时，ECU根据各传感器的信号，控制直流电动机的正反转和转动量，以改变节气门最小开度限制器的位置，从而控制节气门的最小开度，实现对怠速进气量进行控制。

二、占空比控制电磁阀型怠速控制阀

1. 控制阀的结构

主要由控制阀、阀杆、线圈和弹簧等组成，如图 5-8 所示。

2. 工作原理

控制阀的开度取决于线圈产生的电磁力大小。与旋转阀型怠速控制阀相同，ECU 是通过控制输入线圈脉冲信号的占空比来控制电场强度，以调节控制阀的开度，从而实现怠速空气量的控制。

三、开关型怠速控制阀

1. 控制阀的结构

主要由线圈和控制阀组成。如图 5-9 所示。

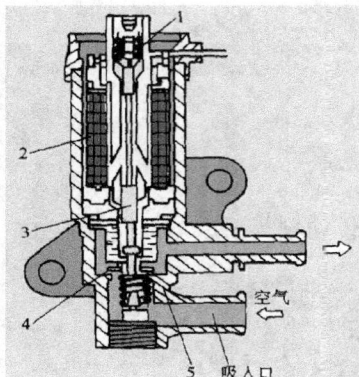

图 5-8　占空比控制电磁阀型怠速控制阀

1、5—弹簧；2—线圈；3—阀杆；4—控制阀

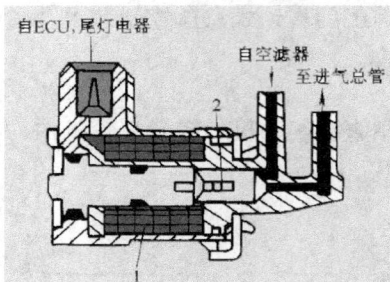

图 5-9　开关型怠速控制阀

1—线圈；2—控制阀

2．工作原理

工作原理与占空比电磁阀相同，不同的是开关型怠速控制阀工作时，ECU 只对阀内线圈通电和断电两种状态控制。

任务实施

一、怠速控制系统安装位置及类型

操作一：观察怠速控制阀的安装位置。

（1）观察五菱小旋风车型的怠速控制阀安装位置，如图 5-10 所示。

（2）观察丰田威驰车型的怠速控制阀安装位置，如图 5-11 所示。

操作二：观察怠速控制阀的类型。

（1）观察五菱小旋风车型的怠速控制阀属于何种类型，如图 5-12 所示。

图 5-10　五菱小旋风怠速控制阀安装位置

图 5-11　丰田威驰怠速控制阀安装位置

（2）观察丰田威驰车型的怠速控制阀属于何种类型，如图 5-13 所示。

图 5-12　五菱小旋风怠速控制阀安装类型

图 5-13　丰田威驰怠速控制阀安装类型

二、怠速控制系统检测

操作一：对上汽通用五菱小旋风车型怠速控制系统检测。

（1）拆下控制阀线束连接器，点火开关置"ON"，不起动发动机，分别检测 A+和 B+与搭铁间的电压，应为蓄电池电压，如图 5-14 所示。

（2）拆下控制阀线束连接器，测量 A+和 A-、B+和 B-之间的电阻，应为 48～58Ω，如图 5-15 所示。

（3）打开点火开关"ON"挡，不起动发动机，在 2～3s 内在怠速控制阀附近应能听到内部电机发出的"嗡嗡"响声，如图 5-16 所示。

（4）熄火发动机，在 2～3s 内在怠速控制阀附近应能听到内部电机发出的"嗡嗡"响声。

图 5-14　五菱小旋风怠速
控制阀控制线测量

图 5-15　五菱小旋风怠速
控制阀电阻测量

图 5-16　五菱小旋风怠速
控制阀工作测量

（5）拆下怠速电磁阀，将蓄电池正负极正接线圈两端，再反接入线圈，看电机是否能前进或后退，如图 5-17、图 5-18 所示。

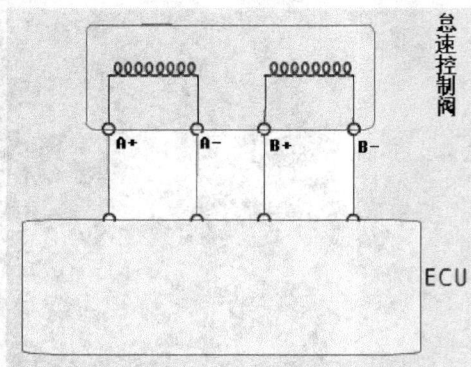

图 5-17　步进电机式怠速控制阀原理图　　　　　图 5-18　步进电机式怠速控制阀接线

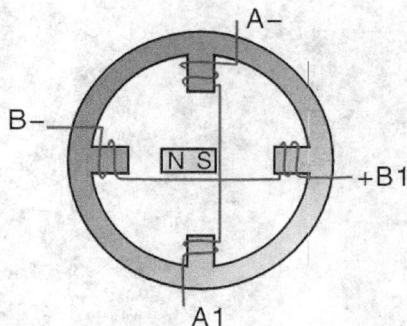

操作二：对丰田威驰车型怠速控制系统检测。

（1）拆下控制阀线束连接器，点火开关置"ON"，不起动发动机，分别检测电源端子与搭铁间的电压，应为蓄电池电压。

（2）拆下怠速控制阀上的三端子线束连接器，在控制阀侧分别测量中间端子（＋B）与两侧端子（ISC1 和 ISC2）的电阻，应为 18.8 Ω～22.8 Ω，如图 5-19 所示。

（3）发动机达到正常工作温度、变速器处于空挡位置时，使发动机维持怠速运转，用专用短接线接故障诊断座上的 TE1 与 E1 端子，发动机转速应保持在 1000～1200r/min，5s 后转速下降应约为 200 r/min，如图 5-20 所示。

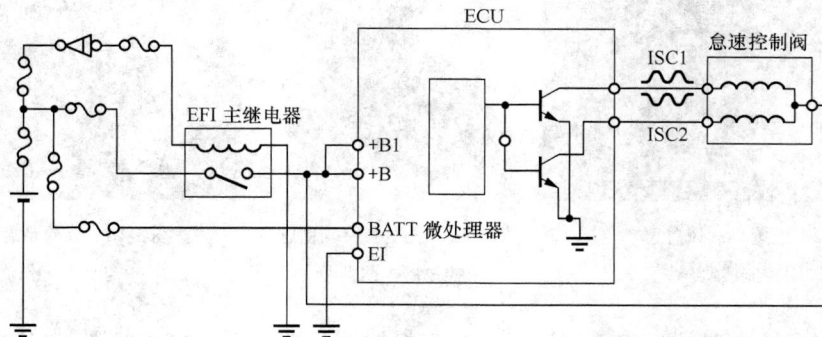

图 5-19　丰田威驰怠速控制阀测量

图 5-20　丰田威驰怠速控制系统

三、对上汽通用五菱小旋风车型怠速控制系统常见故障进行检测与排除

怠速控制系统一旦发生故障，发动机就会出现怠速不稳、怠速熄火及无怠速等故障现象。而当出现了以上故障现象，涉及的原因面较广、难度较大，轻易换件的方法是不可取的，应根据检测结果，理论分析、维修经验做出正确的判断。

操作一：检查进气系统是否良好

1. 检查进气歧管或各种阀是否泄漏。

当不该进入的空气、汽油蒸气、燃烧废气进入到进气歧管，这会造成混合气过浓或过稀，使发动机燃烧不正常。当漏气位置只影响个别气缸时，发动机会出现较剧烈的抖动，对冷车怠速影响更大。

（1）检查进气总管卡子是否松动或胶管破裂。

（2）检查进气歧管衬垫是否漏气。

（3）检查进气歧管是否破损或其他机件将进气歧管磨出孔洞。

（4）检查喷油器 O 型密封圈是否漏气。

（5）检查真空管插头是否脱落、破裂；曲轴箱强制通风（PCV）阀是否开度大。

（6）检查活性炭罐阀是否常开。

（7）检查废气再循环（EGR）阀是否关闭不严等。

2. 节气门和进气道积垢过多

节气门和周围进气道的积炭、污垢过多，空气通道截面积发生变化，使得控制单元无法精确控制怠速进气量，造成混合气过浓或过稀，使燃烧不正常。

（1）检查节气门是否有油污或积炭。

（2）节气门周围的进气道是否有油污、积炭。

（3）怠速步进电机、占空比电磁阀、旋转电磁阀是否有油污、积炭。

操作二：检查怠速控制系统。

怠速控制系统执行元件故障导致怠速空气控制不准确。

（1）检查怠速控制阀是否工作。

（2）检查怠速控制阀是否有发卡等工作状况。

（3）检查怠速控制阀控制电路是否连接正常。

（4）检查怠速控制系统提供信号的各种传感器是否工作正常。

操作三：检查相关系统

随着新技术、新结构的应用，引起怠速不稳的因素会更多，诊断者必须全面考虑问题。

（1）检查三元净化催化器是否堵塞引起怠速不稳，这种故障在高速行驶时最易发现。

（2）自动变速器、空调、转向助力器有故障会增加怠速负荷，引起怠速不稳。

（3）发动机控制单元与空调、自动变速器控制单元之间的怠速提升信号中断，在安装 CAN-BUS 的车辆存在总线系统故障。

拓展训练

上海大众 POLO 怠速控制系统

操作一：观察对上海大众 POLO 车型怠速控制阀安装位置，如图 5-21 所示。

操作二：观察对上海大众 POLO 车型怠速控制系统的类型。

观察大众 POLO 车型的怠速控制阀属于何种类型，如图 5-22 所示。

图 5-21　大众 POLO 怠速控制系统　　　　图 5-22　大众 POLO 怠速控制阀类型

任务二　检测温度传感器

任务描述

随着汽车电子技术的发展，温度传感器的应用也越来越广泛，如进气温度传感器、冷却液温度传感器、机油温度传感器、环境温度传感器、废气再循环温度传感器等多种温度传感器。本任务将着重讲述进气温度传感器、冷却液温度传感器的结构原理及检测方法。

知识准备

一、概述

应用在汽车上的温度传感器有冷却液温度传感器、进气温度传感器、排气温度传感器、油温度传感器、蒸发器出口温度传感器和车内外温度传感器等。其作用是检测气体、液体的温度，并把检测结果转换成电信号输入给 ECU。

二、温度传感器的类型

1．按结构原理分类

有热电偶式、线绕电阻式、热敏电阻式等，其特点是：

（1）热电偶温度传感器精度高，测量温度范围宽，但需要配合放大器和冷端处理一起使用；

（2）线绕电阻式温度传感器精度高，但响应特性差；

（3）热敏电阻式温度传感器灵敏度高，响应特性较好，但线性差，适应温度较低时使用；

（4）石蜡式、双金属片式、热敏铁氧体温度传感器均为非电量传感器。

2．按用途分类

温度传感器	安 装 位 置	用　　途
冷却液温度传感器	发动机缸体、缸盖的水套或节温器内并伸入水套中	检测发动机冷却液温度输入，ECU 用于修正喷油量
进气温度传感器	D 型 EFI 装在空气滤清器之后或进气压力传感器内；L 型 EFI 装在空气流量计上	检测进气温度，输入 ECU 用于提供燃油喷射量和点火正时依据
排气温度传感器	安装在汽车排气装置三元催化转化器上	检测转化器内排放气体的温度
液压油温度传感器	安装在自动变速器油底壳内的液压阀体上	检测液压油温度，输入 ECU 用于换挡控制
蒸发器出口温度传感器	安装在空调蒸发器片上	检测蒸发器表面温度用于控制空调压缩机
车内、外温度传感器	车外安装在汽车前部；车内安装在仪表板下和后挡风玻璃下	检测车内、外气温为汽车空调控制系统提供信息
EGR 监测温度传感器	安装在 EGR 阀的出口处	检测废气温保证发动机和排放系统工作正常

提示：汽车上的冷却液、进气管、蒸发器出口、车内外等多处的温度检测普遍采用 NTC 热敏电阻。

三、进气温度传感器

1. 传感器的功用

该传感器在电控燃油喷射系统中测量进气温度，并将信号输入到 ECU，用于修正体积型空气流量传感器由于大气温度变化带来的进气质量检测的误差，如图 5-23、图 5-24 所示。

图 5-23 进气温度传感器

图 5-24 进气温度传感器位置

2. 传感器的结构（见图 5-25）

3. 进气温度传感器的安装

安装位置有三种情况。

（1）在 D 型 EFI 系统中，安装在空气滤清器之后的进气管上。

（2）在 L 型 EFI 系统中，安装在空气流量计内。

（3）将进气温度传感器安装在进气压力传感器内。

4. 原理

当信号 THW 的电压高时，即热敏电阻值大，ECU 可判断进气温度低，空气密度大，单位体积的空气质量大，与同样的进气体积流量相比，则进气质量流量大，应适量增加喷油量；反之，适量减少喷油量，如图 5-26 所示。

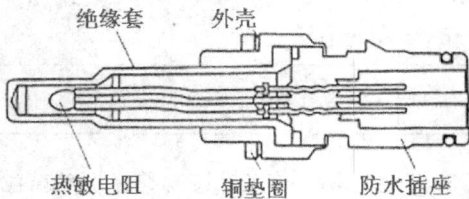

图 5-25 进气温度传感器结构

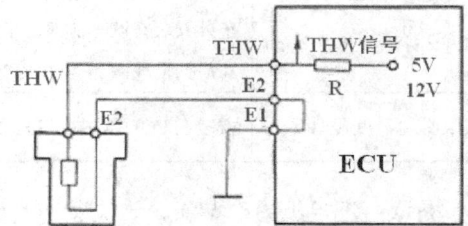

图 5-26 进气温度传感器控制电路图

四、冷却液温度传感器

1. 冷却液温度传感器的功用

检测发动机冷却液温度，并将其温度信号输入 ECU，为修正喷油量及喷油时刻提供准确依据。

2. 安装位置

安装在发动机缸体、缸盖的水套或节温器内并伸入水套中，如图 5-27、图 5-28 所示。

图 5-27　冷却液温度传感器

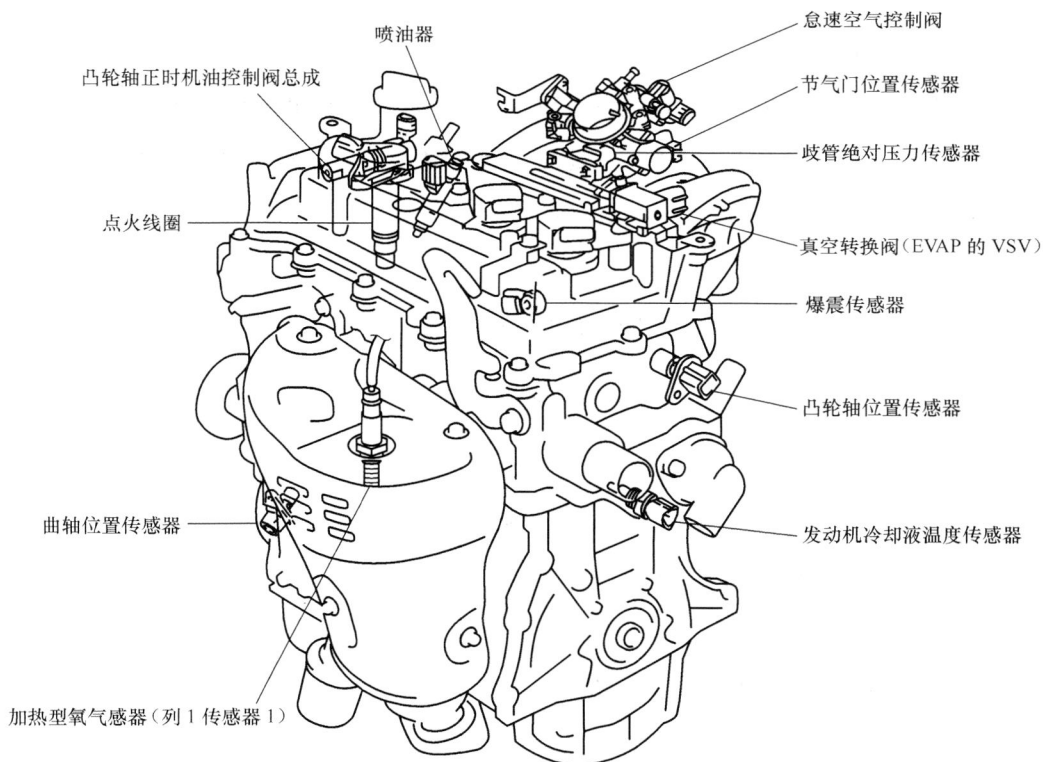

图 5-28　冷却液温度传感器位置

3. 原理

冷却液温度传感器与 ECU 的连接，当冷却液温度低，则热敏电阻值大，信号 THW 的电压值高；反之，信号 THW 的电压值低，如图 5-29 所示。

当信号 THW 的电压值高，则 ECU 可判断冷却液温度低，发动机处于冷起动或暖机工况，此时燃油蒸发性差，ECU 应使混合气的浓度加大，以改善发动机的冷机运转性能。

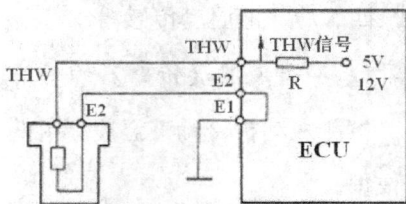

图 5-29　冷却液温度传感器控制电路图

当信号 THW 的电压值低，则 ECU 可发动机已结束冷起动或暖机过程，ECU 按其他工况控制混合气的浓度。

知识拓展

热敏电阻式温度传感器

1. 原理

利用陶瓷半导体材料的电阻值随温度变化而变化的特性测量温度。

2. 热敏电阻分类

热敏电阻可分为负温度系数(NTC)型热敏电阻、正温度系数(PTC)型热敏电阻。汽车上的冷却液、进气管、蒸发器出口、车内外等处的温度检测普遍采用 NTC 热敏电阻，本节所介绍的热敏电阻温度传感器中均为 NTC 热敏电阻。

3. NTC 热敏电阻

NTC 热敏电阻的阻值与温度的关系可用下述公式表示：

$$R_T = R_0 e^{B\left(\frac{1}{T} - \frac{1}{T_0}\right)}$$

式中 T——温度(K)；

　　R_T——热敏电阻在温度为 T(K)时的阻值；

　　R_0——热敏电阻在温度为 T_0($T_0 = 273.15$K) 时的阻值；

　　B——热敏电阻的材料常数，又叫热敏指数。

该关系式是经验公式，只在额定温度或额定电阻阻值在一定范围内才具有一定的精确度，因为材料常数 B 本身也是温度的函数。

4. NTC 热敏电阻 R-T 特性

电阻 $R\text{-}T$ 特性，如图 5-30 所示。

5. NTC 热敏电阻结构

电阻结构，如图 5-31 所示。

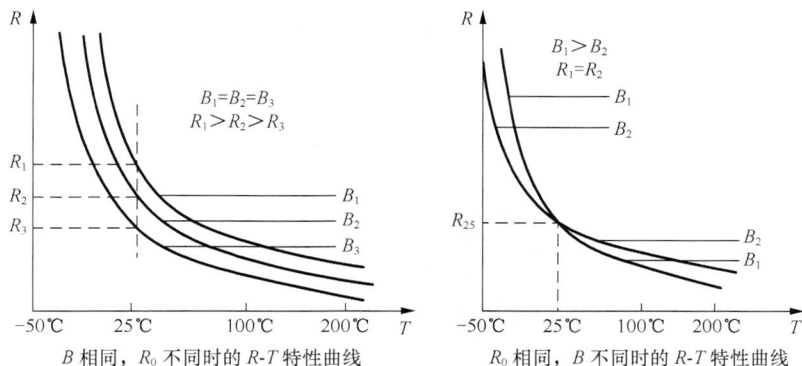

图 5-30　NTC 热敏电阻 R-T 特性图

任务实施

一、观察温度传感器的安装位置

操作一：观察进气温度传感器的安装位置。

（1）观察五菱小旋风车型进气温度传感器的安装位置，如图 5-32 所示。

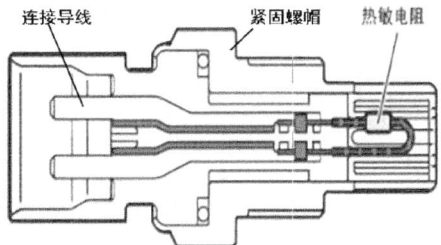

图 5-31　NTC 热敏电阻结构图

图 5-32　五菱小旋风进气温度传感器的安装位置图

（2）观察丰田威驰车型进气温度传感器的安装位置，如图 5-33 所示。

操作二：观察冷却液温度传感器的安装位置。

（1）观察五菱小旋风车型冷却液温度传感器的安装位置，如图 5-34 所示。

图 5-33　丰田威驰温度传感器的安装位置图

图 5-34　五菱小旋风冷却液温度传感器的安装位置图

（2）观察丰田威驰车型冷却液湿度传感器的安装位置，如图 5-35 所示。

二、检测五菱小旋风车型的进气温度传感器，如图 5-36 所示。

操作一：检测电阻。

（1）将点火开关置于"OFF"位置，拆下进气温度传感器导线连接器，并将传感器拆下。

图 5-35　丰田威驰冷却液温度传感器的安装位置图

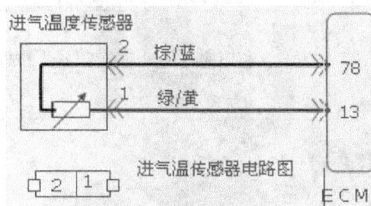

图 5-36　进气温度传感器电路图
1—信号地；2—温度信号

（2）用电热吹风、或热水加热过气温度传感器，并用万用表电阻挡测量在不同温度下两端子间的电阻值。

（3）将测得的电阻值与标准数值进行比较，如果与标准值不符，则应更换进气温度传感器。20～30℃的常温下，其阻值应为 2500～1700 Ω。

操作二：检测电压。

（1）检测电源电压

拆下进气温度传感器线束插头，打开点火开关，测量进气温度传感器的电源电压，应为 5V。

（2）测量输入信号电压

将点火开关置于"ON"位置，用万用表的电压挡测量电压，该电压值应在 0.5～3.4V(20℃)范围内。

（3）若不在规定范围内，则应进一步检查进气温度传感器连接线路是否接触不良或存在断路、短路故障。

三、检测冷却液温度传感器

冷却液温度传感器的检测方法与进气温度传感器的检测方法相同，如图 5-37 所示。

操作一：检测电阻

（1）将点火开关关闭，拆下传感器的连接器，用汽车专用万用表的 Rx1 挡，测试传感器两端子间的阻值。

（2）拆下冷却液温度传感器导线连接器，然后从发动机上拆下传感器。将传感器置于烧杯内的水中，加热杯中的水。随着温度逐渐升高，用万用表电阻挡测量传感器的电阻值，将测得的值与标准值相比较，若不符合，应更换冷却液温度传感器。

在温度为0℃时，电阻为4～7kΩ；在温度为20℃时，电阻为2～3kΩ；在温度为40℃时间，电阻为0.9～1.3kΩ；在温度为60℃时，电阻为0.4～0.7kΩ，在温度为80℃时，电阻为0.2～0.4kΩ。冷却液温度传感器的电阻值与温度的高低成反比。

操作二：检测电压。

（1）检测电源电压。

拆下冷却液温度传感器线束插头，打开点火开关，测量冷却液温度传感器的电源电压，应为5V。

（2）测量输入信号电压。

安装好冷却液温度传感器，将传感器的连接器插好。将点火开关置于"ON"位置，用万用表的电压挡测量电压，该电压值应在规定范围内。

（3）测量水温表控制线电压。

安装好冷却液温度传感器，将传感器的连接器插好。将点火开关置于"ON"位置，用万用表的电压挡测量电压，该电压值应在规定范围内。

（4）若不在规定范围内，则应进一步检查冷却液温度传感器连接线路是否接触不良或存在断路、短路故障，如图5-38所示。

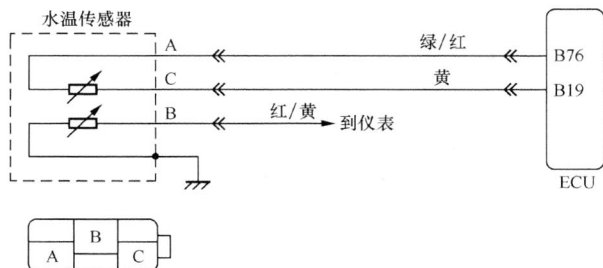

图 5-37　冷却液温度传感器电路图

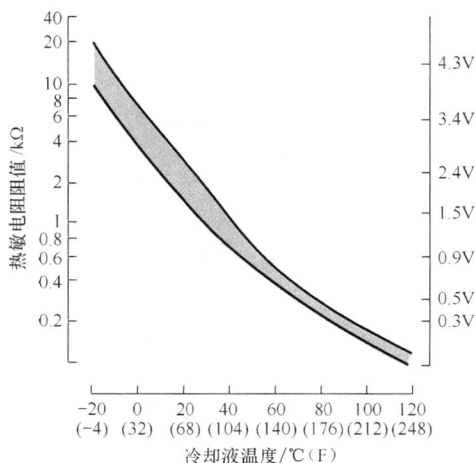

图 5-38　冷却液温度传感器特性图

任务三 检测氧传感器

任务描述

氧传感器一旦出现故障，电子燃油喷射系统的电脑将不能得到排气管中氧浓度的信息，因而不能对空燃比进行反馈控制，这会使发动机油耗和排气污染增加，发动机出现怠速不稳，缺火、喘振等故障现象。因此，必须及时地排除故障或更换传感器。在本任务中，着重讲述氧传感器的检测与故障排除。

知识准备

一、氧传感器的功用

在使用三元催化转换器以减少排气污染的发动机上，氧传感器是必不可少的元件。由于混合气的空燃比一旦偏离理论空燃比，三元催化剂对 CO、HC 和 NOx 的净化能力将急剧下降，故在排气管中安装氧传感器，用于检测排气中氧的浓度，并向 ECU 发出反馈信号，再由 ECU 控制喷油器喷油量的增减，从而将混合气的空燃比控制在理论值附近，如图 5-39 所示。

二、氧传感器的结构与原理

1. 结构

氧传感器根据材料不同可以分为氧化锆式、氧化钛式。现以氧化锆式氧传感器说明结构和原理，如图 5-40 所示。

图 5-39　氧传感器图

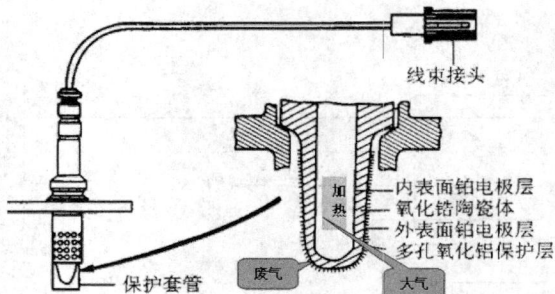

图 5-40　氧传感器结构图

2. 原理

氧化锆式传感器为带孔隙的陶瓷管，管壁外侧被发动机排气包围，内侧通大气。并带有电加热器，当加热器预热至300℃状态下，内外侧的氧浓度较大时，就会在两极之间产生电动势，浓度差越大，电动势越大。电动势在0.45V以上为浓信号，0.45V以下为稀薄信号，如图5-41所示。

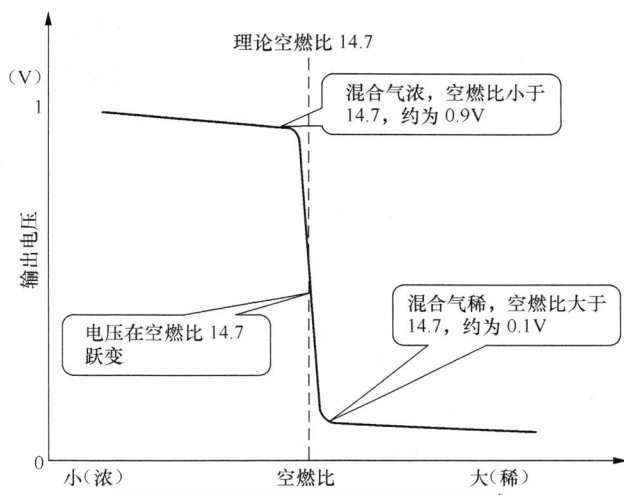

图 5-41　氧传感器原理图

知识拓展

氧传感器的分类

1. 根据结构分类

（1）非加热型氧传感器（1 线/2 线），如图 5-42 所示。

利用发动机燃烧废气的余热进行加热，一般装配在离发动机排气口较近的排气管上。

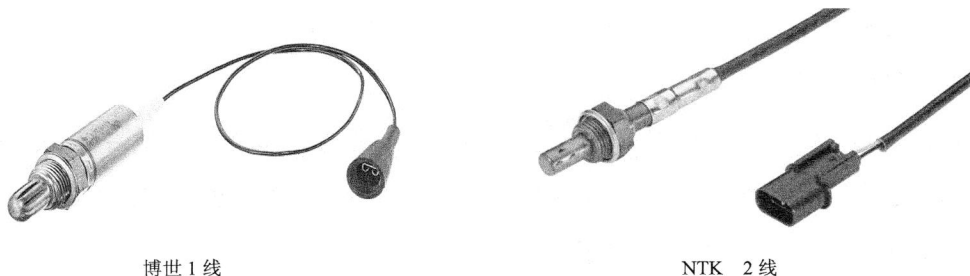

博世 1 线

NTK　2 线

图 5-42　非加热型氧传感器图

（2）加热型氧传感器（3 线/4 线），如图 5-43 所示。

内部设计有加热器，可利用系统供电电压强制使氧传感器加速预热，促使其快速反应，及早实现系统的闭环控制。可以装配在发动机排气管远端。

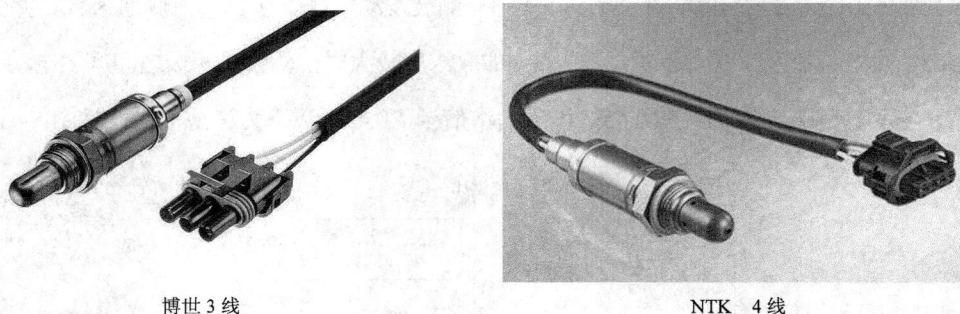

博世 3 线　　　　　　　　　　　　　　　NTK　4 线

图 5-43　加热型氧传感器

（3）平板型氧传感器（亦称片式氧传感器）

平板型氧传感器是一种形式更为先进的指型传感器。其陶瓷感应体由多片延展的扁平的陶瓷薄片组成。由于加热器集成在该平板型陶瓷感应体上，因此氧传感器能够更快进入工作状态。达到工作温度的速度是以前的氧传感器的两倍，因此，在工况恶劣的冷起动阶段，废气排放是以前的一半。平板型氧传感器有双层保护管。

（4）平板宽带型传感器（亦称宽域氧传感器）

与以前的传感器不同，平板宽带型传感器配有两个测量单元和一个 6 芯的连接器。在油气混合过浓和过稀的工况时均可实现极精确的测量。即使是天然气和柴油发动机也可以用它来进行控制。

2. 根据传感元件材料分类

氧传感器有氧化锆和氧化钛型两种，其工作原理不同。目前，市场上的主要的氧传感器都是锆系氧传感器，因为锆系氧传感器寿命较长，也相对稳定。

（1）二氧化锆型（ZrO_2）。

氧化锆是具有传导氧离子能力的固体电解质，当温度达到300℃，氧化锆材料能够传导氧离子，从氧离子浓的一方氧离子稀的一方流动，从而产生电压信号。

汉工氧传感器为二氧化锆氧传感器。

（2）二氧化钛型（TiO_2）。

工作原理：根据尾气中的氧浓度的不同，传感器的电阻发生变化。混合气浓的情况下，传感器电阻降低至 1 000 Ω以下。混合气稀的情况下，传感器电阻升高至 20 000 Ω以上。

3. 根据功能或安装位置分类

（1）控制用氧传感器，俗称前氧，如图 5-44 所示。

可单独测量发动机燃烧废气中氧的浓度，生成电压信号反馈给 ECU 以达到理想空燃比状态，安装在三元催化器的上游位置。

（2）诊断用氧传感器，俗称后氧，如图 5-44 所示。

安装在三元催化器下游端。控制氧传感器（前氧）因老化其向 ECU 输送的电压信号曲线会发生偏移。诊断用氧传感器（后氧）会检测前氧，三元催化器是否仍然处于最佳工作状态。然后 ECU 就可计算出矫正偏移所需的补偿量。

任务实施

一、观察氧传感器的安装位置

操作一：观察五菱小旋风车型氧传感器的安装位置，如图 5-45 所示。

图 5-44　前、后氧传感器安装位置图

图 5-45　五菱小旋风氧传感器的安装位置图

图 5-46　丰田威驰氧传感器的安装位置图

操作二：观察丰田威驰车型氧传感器的安装位置，如图 5-46 所示。

二、用万用表对五菱小旋风车型的氧传感器的检测，如图 5-47 所示。

（1）用万用表测量氧传感器，加热器线路电压应为 12V，加热器电阻应为 1~5Ω。

（2）运行发动机至正常温度，用万用表测量传感器的输出电压，应在 0.1～0.9V 快速变化。

（3）拔下进气管上的某一真空管，空燃比变大，电压下降应为 0.1V（趋势）。

（4）堵住空气滤清器的管口，空燃比变小，电压上升应为 0.9V(趋势)。

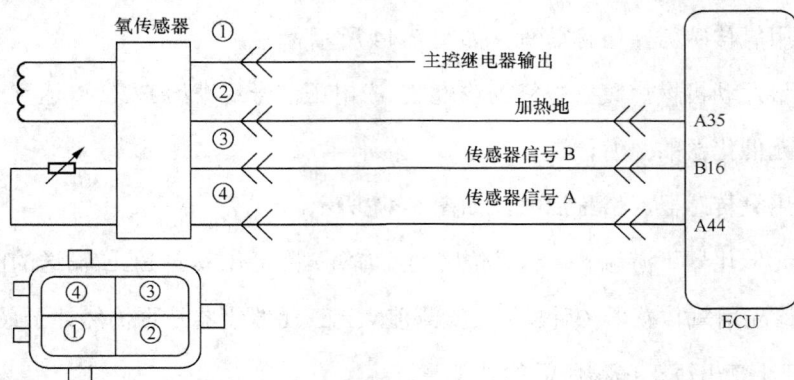

图 5-47　五菱小旋风的氧传感器控制电路图

三、氧传感器的常见故障及检测方法

1. 氧传感器常见故障

常见故障有铅中毒、硅中毒，积炭，通气孔堵塞等，导致气体不能渗透，氧离子不能扩散，产生失效报警。

2. 故障现象

怠速不良、加速不良、尾气超标、油耗增加等。

3. 检测步骤

（1）检查氧传感器顶尖部位的颜色，如颜色为黑色则形成了积炭，则应该清洗去积炭，如图 5-48 所示。

正常　　　　　　　　　积炭

图 5-48　氧传感器积炭图

由于发动机燃烧不好，在氧传感器表面形成积炭，或氧传感器内部进入了油污或尘埃等沉积物，会阻碍或阻塞外部空气进入氧传感器内部，使氧传感器输出的信号失准，ECU 不能及时地修正空燃比。

（2）拆下氧传感器，检查是否中毒，如顶尖部位的颜色为白色则由硅污染造成，如为棕色顶尖则由铅污染造成的，如为乳白色则为防冻剂污染，如图 5-49 所示。

氧传感器中毒是经常出现的且较难处理的一种故障，尤其是经常使用含铅汽油的汽车，即使是新的氧传感器，也只能工作几千千米。如果只是轻微的铅中毒，接着使用一箱不含铅的汽油，就能消除氧传感器表面的铅，使其恢复正常工作。

硅中毒　　　　　　　　　防冻剂污染　　　　　　　　　铅中毒

图 5-49　氧传感器中毒图

（3）检查氧传感器陶瓷是否碎裂

氧传感器的陶瓷硬而脆，硬物敲击或强烈气流吹洗，都可能使其碎裂而失效。因此，处理时要特别小心，发现问题及时更换。

（4）用万用表电阻档检测加热器电阻丝是否烧断

对于加热型氧传感器，如果加热器电阻丝烧蚀，就很难使传感器达到正常的工作温度而失去作用。

拓展训练

一、观察氧传感器的分类

操作一：观察五菱小旋风车型氧传感器属于何种类型，如图 5-50 所示。

操作二：观察丰田威驰车型氧传感器属于何种类型，如图 5-51 所示。

二、用诊断仪（如 KT600）对丰田威驰车型氧传感器进行检测

检测图如图 5-52 所示。

图 5-50　五菱小旋风氧传感器图

图 5-51　丰田威驰氧传感器图

（1）按照图 5-52 连接好诊断仪。

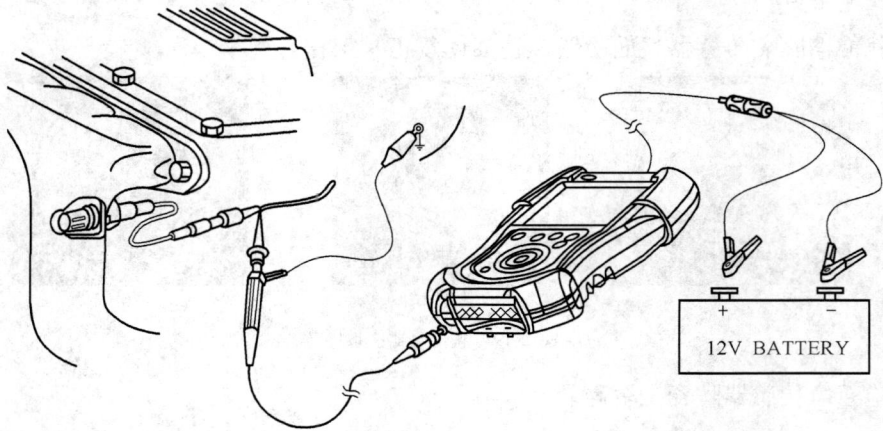

图 5-52　氧传感器检测图

（2）起动发动机使氧传感器加热至 315℃ 以上，此时发动机处于闭环状态。

（3）读取波形，一般为（0.1~0.9V）变化，若不正常则说明传感器可能有故障，如图 5-53 和图 5-54 所示。

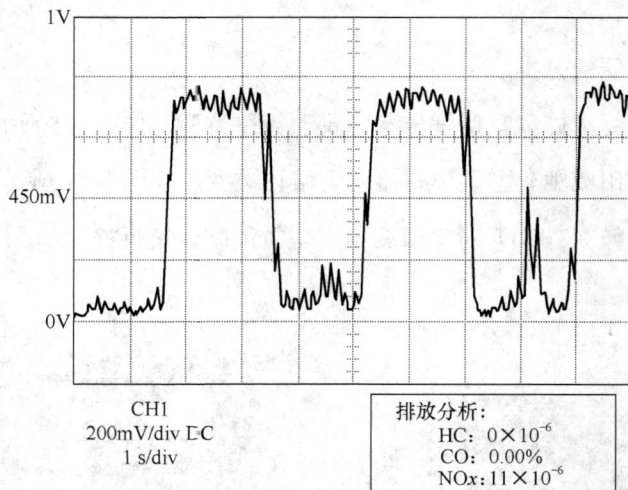

图 5-53　氧传感器波形图

（4）如电压持续偏高，则说明混合气过浓或传感器被污染损坏。若电压持续偏低，说明混合气过稀或传感器故障。若总为中间值则说明可能是氧传感器损坏。

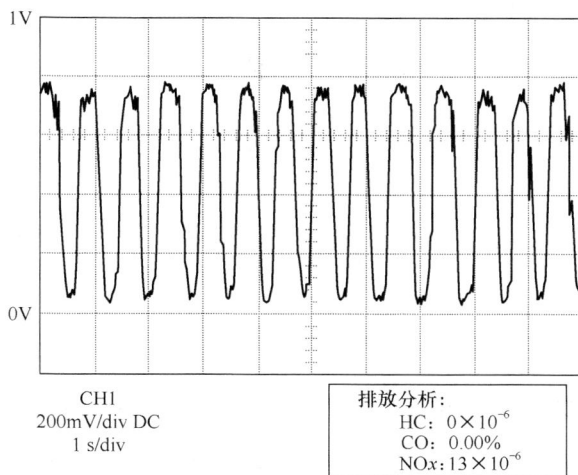

CH1
200mV/div DC
1 s/div

排放分析：
HC：0×10^{-6}
CO：0.00%
NOx：13×10^{-6}

图 5-54　氧传感器波形图

任务四　检测爆燃传感器

任务描述

当爆燃传感器本身或线路不良时，发动机会产生点火正时不对、发动机加大油门时有爆燃声、发动机动力不足等常见故障。因此，必须及时地排除故障或更换。在本任务中，着重讲述爆燃传感器的检测与故障排除。

知识准备

一、爆燃传感器的功用

爆燃传感器又称"爆震传感器"（爆震，即为发动机抖动）。检测气缸压力、发动机机体振动和燃烧噪声三种方法来检测汽车发动机缸体爆燃强度。一旦爆燃出现则通知 ECU 延迟点火并转入点火定时的闭环控制，以便调整点火时刻消除发动机爆燃，如图 5-55 所示。

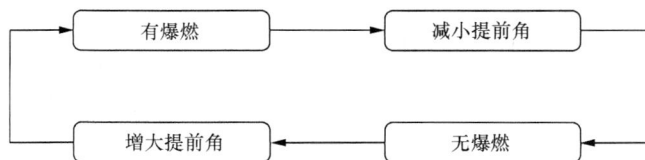

图 5-55　爆燃传感器功用

二、爆燃传感器的结构与原理

爆燃传感器的类型有磁致伸缩式、压电式两种。

1. 磁致伸缩式

（1）结构

磁致伸缩式爆燃传感器其内部有永久磁铁，利用永久磁铁激磁的强磁性铁心以及铁心周围的线圈，如图 5-56 所示。

（2）工作原理

磁致伸缩式爆燃传感器的使用温度为-40～125℃，频率范围为 5～10kHz。当发动机的气缸体出现振动时，该传感器在 7kHz 左右处与发动机产生共振，强磁性材料铁心的导磁率发生变化，致使永久磁铁穿心的磁通密度也变化，从而在铁心周围的绕组中产生感应电动势，并将这一电信号输入 ECU，如图 5-56 所示。

2. 压电式

（1）结构

压电式爆燃传感器是利用结晶或陶瓷多晶体的压电效应而工作的，也有利用掺杂硅的压电电阻效应而工作的。该传感器的外壳内装有压电元件、配重块及导线等，如图 5-57 所示。

（2）工作原理

当发动机的气缸体出现振动传递到传感器外壳上时，外壳与配重块之间产生相对运动，夹在两者之间的压电元件所受的压力发生变化，从而产生电压。ECU 检测出该电压，并根据其值的大小判断爆震强度，如图 5-57 所示。

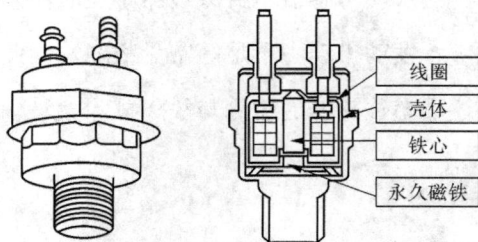

图 5-56　磁致伸缩式爆燃传感器

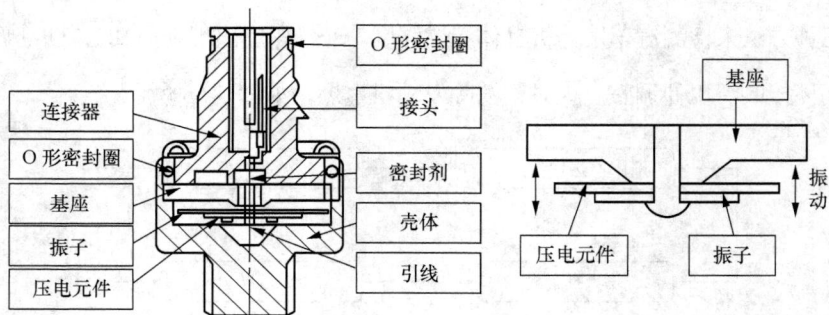

图 5-57　压电式爆燃传感器

任务实施

一、观察爆燃传感器的安装位置和类型

操作一：观察爆燃传感器的安装位置。

（1）观察五菱小旋风车型爆燃传感器的安装位置，如图 5-58 所示。

（2）观察丰田威驰车型爆燃传感器的安装位置，如图 5-59、图 5-60 所示。

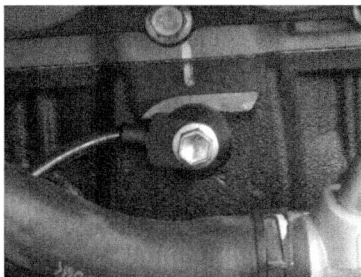

图 5-58　五菱小旋风爆燃传感器的安装位置图

图 5-59　丰田威驰爆燃传感器的安装位置图

图 5-60　丰田威驰爆燃传感器的安装位置图

操作二：观察爆燃传感器的类型。

（1）观察并查询维修手册，了解五菱小旋风车型爆燃传感器类型。

（2）观察并查询维修手册，了解丰田威驰车型爆燃传感器类型。

二、爆燃传感器的常见故障及检测

1．爆燃传感器的常见故障

当爆燃传感器本身或线路不良时会产生下列故障，点火正时不对，发动机加大油门时有

爆燃声、发动机动力不足等常见故障。

2. 爆燃传感器的检测方法，如图 5-61 所示。

（1）关闭点火开关，等 10s 之后，拆下爆燃传感器的接头，如图 5-62 所示，测量车上线束接头上信号输出端子和信号回路端子之间的直流电压，其值应符合规定。

（2）测量爆燃传感器的电阻值，其值应符合规定。

（3）当发动机运转时，连接好传感器导线，缓慢地提高发动机转速至 3000r / min，同时用万用表交流电压挡测量。如果电压随之升高，则说明传感器可能有故障。

（4）在发动机运转时，连接好传感器导线，用锤子轻轻地敲击爆燃传感器周围，同时用万用表交流电压挡测量。如果电压指示值发生波动，则说明传感器可能有故障。

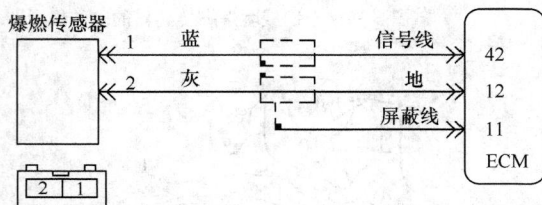

图 5-61　爆燃传感器控制电路图

图 5-62　爆燃传感器结构图

提示：防止爆震的产生还应注意以下问题：

（1）不使用劣质的燃油和润滑油；

（2）点火正时和配气正时应定期检查；

（3）冷却系工作正常，冬夏季都使用高沸点的冷却液，防止水垢的产生和发动机过热。

（4）缸内积炭定期清除，可使爆燃产生的几率降低。

（5）因压电元件产生的电压值较低（<1V），为防止高压电磁波的放射干扰，多将信号线用屏蔽网线保护，也必须可靠地搭铁。

拓展训练

用诊断仪对五菱小旋风车型爆燃传感器进行检测

（1）用诊断仪（KT600）读取故障代码，检查有无氧传感器故障记录，如图 5-63 所示。

（2）用诊断仪（KT600），检查分析爆燃传感器的波形，如图 5-64 所示。

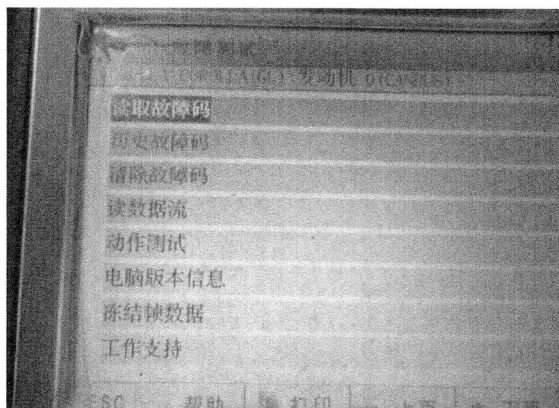

图 5-63　爆燃传感器检测图

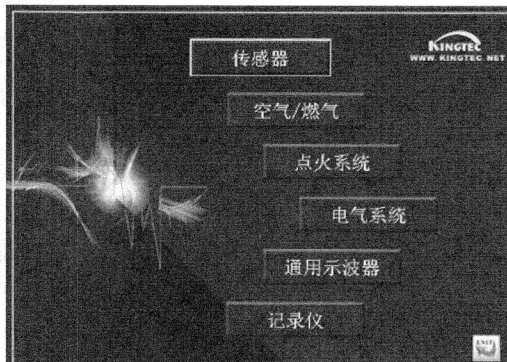

图 5-64　爆燃传感器的波形图

① 打开点火开关，不起动发动机，在爆燃传感器附近地方敲击发动机，将显示振动，敲击越重，振动幅度就越大，如图 5-65 所示。

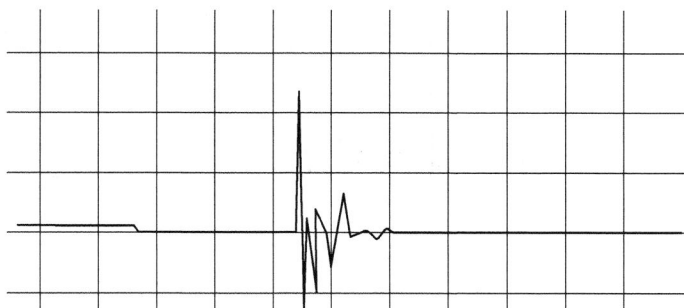

图 5-65　爆燃传感器的波形图

② 起动发动机，波形的峰值电压和频率将随发动机的负载和转速而增加，如图 5-66 所示。

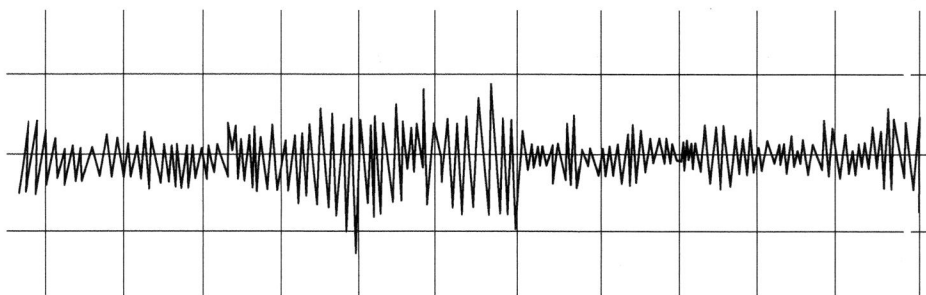

图 5-66　爆燃传感器的波形图

③ 在爆燃传感器附近地方敲击发动机，波形应显示振动，如没有变化，则应检测爆震传

感器控制线的电压和电阻是否正常，如图 5-67 所示。

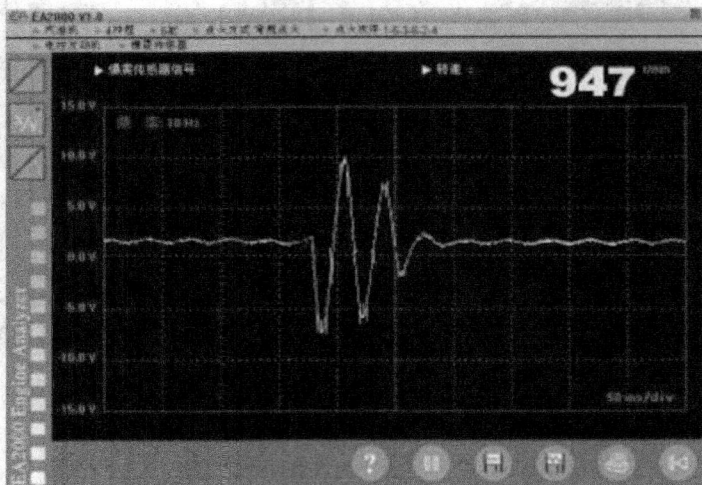

图 5-67　爆燃传感器的波形图

④ 起动发动机，如果爆燃传感器已经失效，则波形显示只是一条直线。

任务五　检测涡轮增压控制系统

任务描述

发动机增压进气控制系统可分为机械增压系统、气波增压系统、废气涡轮增压控制系统、复合增压控制系统。

涡轮增压的英文名字为 Turbo，一般来说，如果我们在轿车尾部看到 Turbo 或者 T，即表明该车采用的发动机是涡轮增压发动机。譬如奥迪 A6 的 1.8T，帕萨特 1.8T，宝来 1.8T 等。

知识准备

一、涡轮增压控制系统的功用

涡轮增压的主要作用就是提高发动机进气量，从而提高发动机的功率和扭矩，让车子更有力量。一台发动机装上涡轮增压器后，其最大功率与未装增压器的时候相比可以增加 40%甚至更高。这样也就意味着同样一台的发动机在经过增压之后能够产生更大的功率。就以我们最常见的 1.8T 涡轮增压发动机来说，动力可以达到 2.4L 发动机的水平，但是耗油量却比 1.8 发动机并不高多少，在另外一个层面上来说就是提高燃油经济性和降低尾气排放，如图 5-68 所示。

图 5-68　涡轮增压控制系统图

二、涡轮增压控制系统的结构原理

1. 结构

涡轮增压装置主要是由涡轮室、增压器、进气冷却器（中冷器）等组成。首先是涡轮室的进气口与发动机排气歧管相连，排气口则接在排气管上。然后增压器的进气口与空气滤清器管道相连，排气口接在进气歧管上，最后涡轮和叶轮分别装在涡轮室和增压器内，二者同轴刚性联接，如图 5-69 所示。

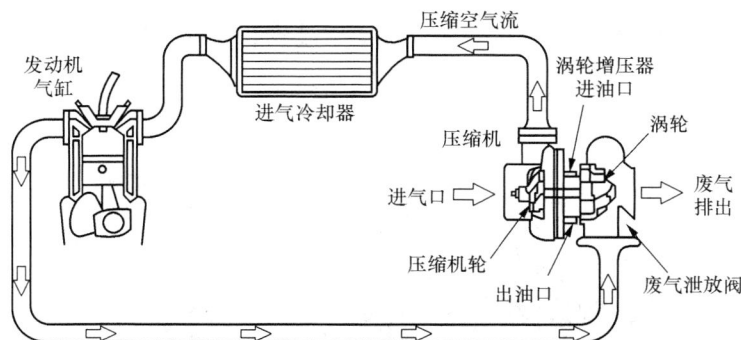

图 5-69　涡轮增压控制系统结构图

2. 原理

涡轮增压装置本质就是一种空气压缩机，通过压缩空气来增加发动机的进气量。一般来说，涡轮增压都是利用发动机排出废气的惯性冲力来推动涡轮室内的涡轮，涡轮又带动同轴的叶轮，叶轮压缩由空气滤清器管道送来的空气，使之增压进入气缸。当发动机转速增快，废气排出速度与涡轮转速也同步增快，叶轮就压缩更多的空气进入气缸，空气压力和密度的增大可以燃烧更多的燃料，相应地增加燃料量和调整发动机的转速，就可以增加发动机的输出功率，如图 5-70 所示。

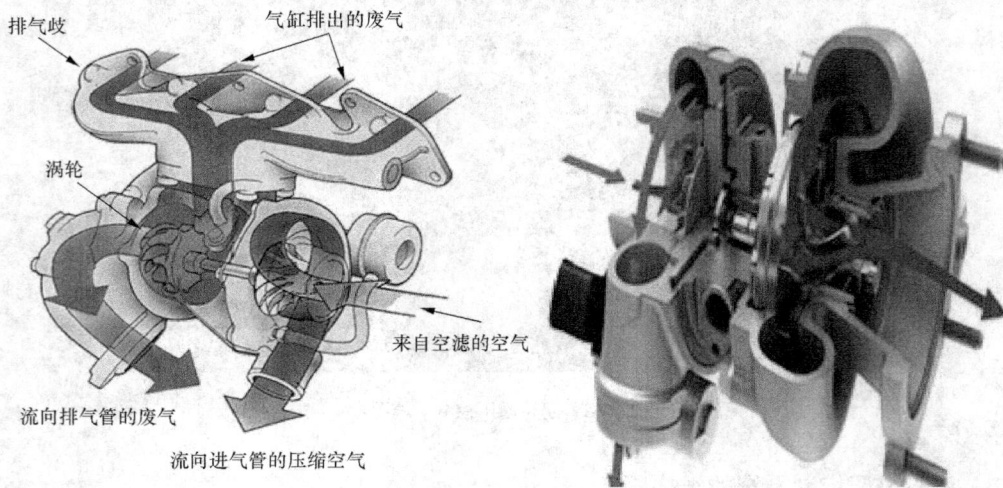

图 5-70　涡轮增压控制系统原理图

知识拓展

一、机械增压系统

这个装置安装在发动机上并由皮带与发动机曲轴相连接，从发动机输出轴获得动力来驱动增压器的转子旋转，从而将空气增压吹到进气歧道里。其优点是涡轮和发动机转速相同，因此没有滞后现象，动力输出非常流畅。但是由于装置装在发动机转动轴里面，因此消耗了部分动力，增压出来的效果并不高，如图 5-71 所示。

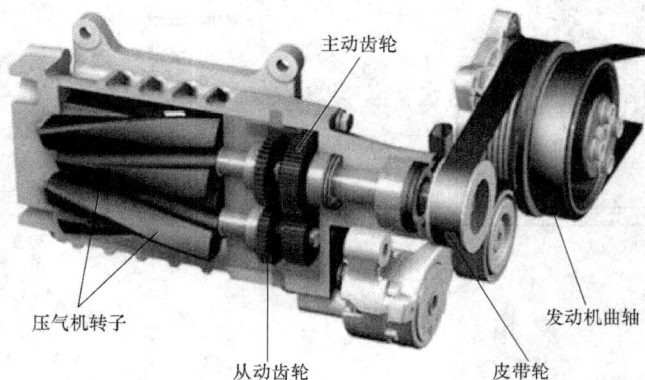

图 5-71　机械增压系统图

二、气波增压系统

利用高压废气的脉冲气波迫使空气压缩。这种系统增压性能好、加速性好，但是整个装置比较笨重，不太适合安装在体积较小的轿车里面，如图 5-72 所示。

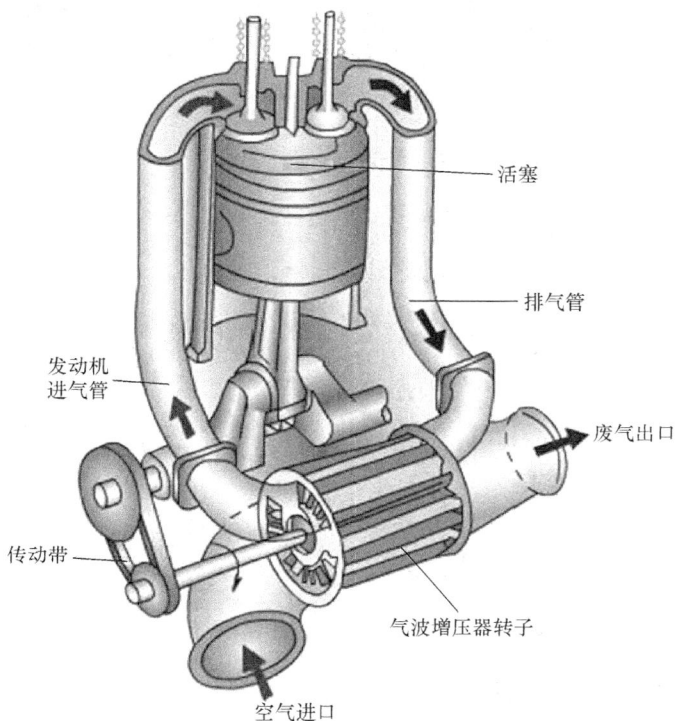

图 5-72　气波增压系统图

三、复合增压系统

即废气涡轮增压和机械增压并用。机械增压有助于低转速时的扭力输出，但是高转速时功率输出有限。而废气涡轮增压在高转速时拥有强大的功率输出，但低转速时则力不从心。于是发动机的设计师们就把机械增压和废气涡轮增压结合在一起，来改善两种技术各自的不足，同时解决低速扭矩和高速功率输出的问题。

> **任务实施**

一、观察涡轮增压控制系统的位置

操作一：观察大众高尔夫 6 车型涡轮增压控制系统的位置，如图 5-73 所示。

操作二：观察别克英朗车型涡轮增压控制系统的位置，如图 5-74 所示。

图 5-73　大众高尔夫 6 的涡轮增压控制系统图　　　　图 5-74　别克英朗涡轮增压控制系统图

二、观察涡轮增压控制系统的结构组成

（1）观察大众高尔夫 6 车型，查找涡轮增压控制系统增压器、进气冷却器（中冷器）、机油进出管道、进气管道、废气排出管道等组成部件，如图 5-75 所示。

图 5-75　大众高尔夫 6 的涡轮增压控制系统图

（2）观察涡轮增压器的机构组成，如图 5-76、图 5-77 所示。

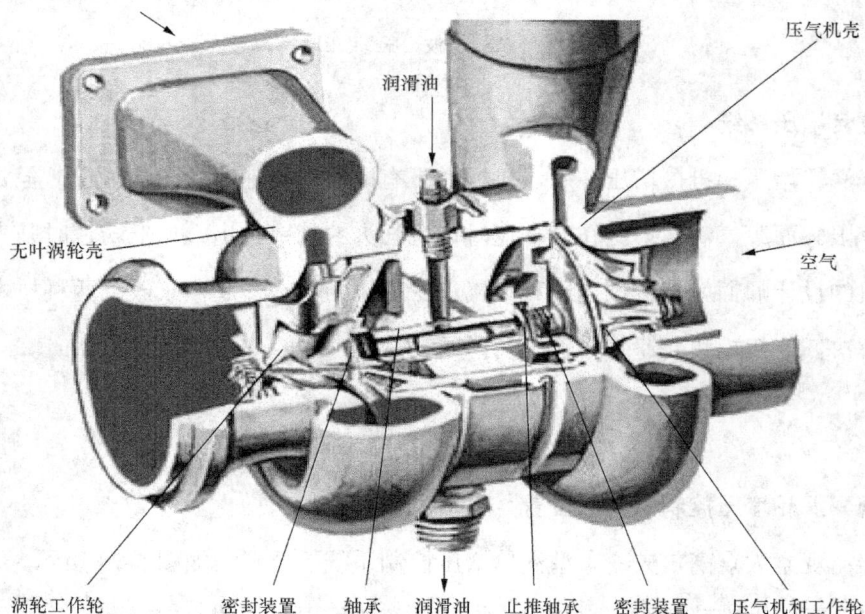

图 5-76　涡轮增压器的机构组成图

三、涡轮增压控制系统的故障与检修

图 5-77　涡轮增压器实物图

涡轮增压器是用来提高发动机功率和减少废气排放的重要器件。由于使用、维护和保养不当，易发生故障，导致发动机不能正常工作。常见的故障有涡轮增压器漏油，有金属摩擦声，增压器轴承损坏等。

操作一：检查漏油。

（1）机油消耗量大，但排气烟色正常，动力不降低。这种情况一般是由于机油渗漏造成的。

① 首先应检查发动机润滑系外部油管（包括增压器进、回油管）是否漏油。

② 检查增压器废气排出口是否有机油。如有机油，可判定涡轮一端密封环损坏，应更换此密封环。

（2）机油消耗量大，排气冒蓝烟，但动力不下降。这种情况一般是增压器压器端漏油，机油通过发动机进气管进入燃烧室被烧掉所造成的。

① 打开压气机的出气口或发动机进气直管（橡胶软管），看管口、管壁是否有机油。如有，请检查增压器回油管是否畅通。如不畅通则是由于中间支承处积油过多引起，应将回油管疏通后装复。

② 如畅通，则是由于叶轮一端密封环或甩油环损坏所造成，应解体增压器进行修复。

（3）机油消耗量大，排气冒蓝烟或黑烟，且动力下降。这种情况一般是机油渗漏进入压气机内，随压缩空气一起进入燃烧室内烧掉而造成的。

① 检查进气直软管壁内有无机油、是否被压扁，使气流受阻或空滤芯有堵塞现象。

② 如管口和管壁有机油，应清洗或更换空气滤芯。

操作二：检查金属摩擦声。

排气冒黑烟，功率下降，且增压器有异响。

（1）检查增压器转子轴承或止推轴承是否磨损过多。

（2）检查叶轮与增压器壳是否有摩擦。

操作三：增压器轴承损坏。

增压器轴承损坏，发动机功率下降，机油消耗高，冒黑烟，严重时增压器不能工作。

（1）检查润滑油压力是否正常，机油量是否符合要求。

（2）检查是否有杂物或泥沙进入润滑系统。

（3）检查机油是否氧化变质。

任务六　检测车速传感器

任务描述

车速传感器检测汽车行驶速度，并把检测结果输入给汽车仪表系统用于显示车速，或ECU用这个车速作为输入信号，控制其他系统。如车速传感器失效，则会造成如车速里程表不工作、ABS系统故障灯点亮等故障。在本任务中，主要讲述车速传感器的作用、结构及工作原理，以便更好地掌握车速传感器的检测与故障排除。

知识准备

1. 作用

车速传感器检测汽车行驶速度，并把检测结果输入给汽车仪表系统用于显示车速，或ECU用这个车速作为输入信号来控制发动机怠速、自动变速器的变扭器锁止、自动变速器换挡及发动机冷却风扇的开闭和巡航定速等其他功能。

2. 分类

车速传感器根据输出信号可以分为舌簧开关式、磁电式、霍尔式、光电式、可变磁阻式五种。

3. 安装位置

车速传感器通常安装在驱动桥壳或变速器壳内，而车速传感器信号线通常装在有屏蔽的外套内，这是为了消除由高压电火线及车载电话或其他电子设备产生的电磁及射频干扰，用于保证电子通讯不产生中断，防止造成驾驶性能变差或其他问题，如图 5-78所示。

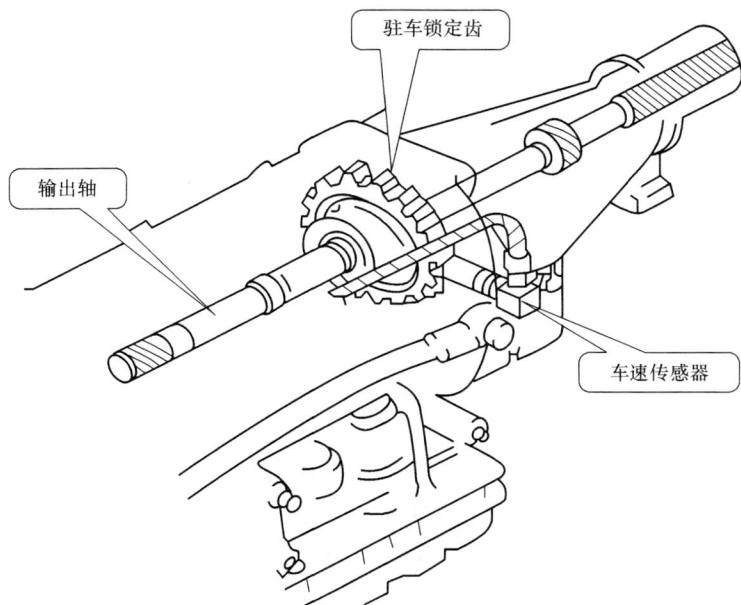

图 5-78　车速传感器安装位置图

4. 结构原理

车速传感器的工作原理根据类型不同而在原理上也不同，现以霍尔式车速传感器为例。

霍尔效应传感器，由一个几乎完全闭合的包含永久磁铁和磁极部分的磁路组成，一个软磁铁叶片转子穿过磁铁和磁极间的气隙，在叶片转子上的窗口允许磁场不受影响地穿过并到达霍尔效应传感器，而没有窗口的部分则中断磁场。因此，叶片转子窗口的作用是开关磁场，使霍尔效应像开关一样地打开或关闭，这就是一些汽车厂商将霍尔效应传感器和其他类似电子设备称为霍尔开关的原因，该组件实际上是一个开关设备，而它的关键功能部件是霍尔效应传感器，如图 5-79 所示。

知识拓展

一、磁电式车速传感器

1. 结构

车速传感器由永久磁铁和电磁感应线圈组成，它被固定安装在变速器输出轴附近的壳体上，输出轴上的驻车锁定齿轮为感应转子，如图 5-80 所示。

（a）　　　　　（b）

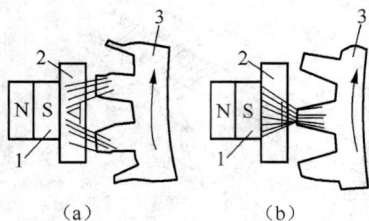

图 5-79　车速传感器结构原理图

1-永磁体；2-霍尔元件；3-齿圈

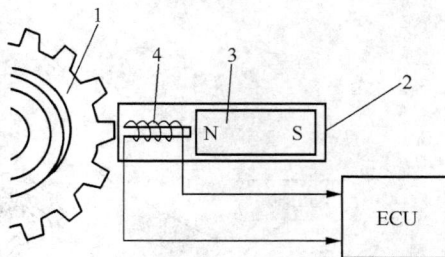

图 5-80　磁电式车速传感器图

2. 原理

当变速器输出轴转动时，驻车锁定齿轮的凸齿，不断地靠近或离开车速传感器，使线圈内的磁通量发生变化，从而产生交流电。车速越高，输出轴转速也越高，感应电压脉冲频率也越高。电控组件根据感应电压脉冲的频率计算汽车行驶的速度，如图 5-81、图 5-82 所示。

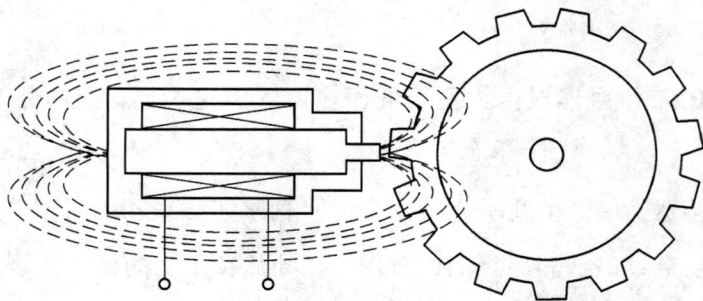

图 5-81　磁电式车速传感器原理图

二、光电式车速传感器

结构原理

光电式车速传感器是固态的光电半导体传感器，它由带孔的转盘，两个光导体纤维，一个发光二极管，一个作为光传感器的光电三极管组成。以光电三极管为基础的放大器为发动机控制电脑或点火模块提供足够的功率信号，光电三极管和放大器产生数字输出信号(开关脉冲)。发光二极管透过转盘上的孔照到光电三极管上实现光的传递与接收。转盘上间断的孔可以开闭照射到光电三极管上的光源，进而触发光电三极管和放大器，使之像开关一样地打开或关闭输出信号，如图 5-83、图 5-84 所示。

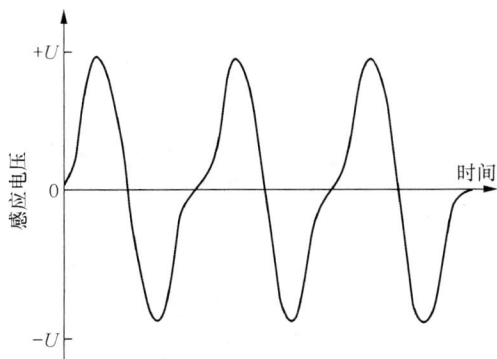

图 5-82　磁电式车速传感器特性图

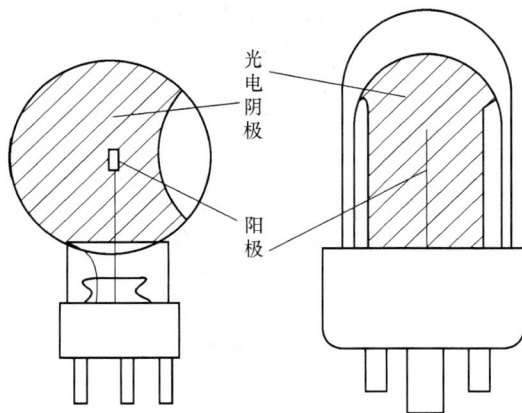

图 5-83　光电式车速传感器结构图

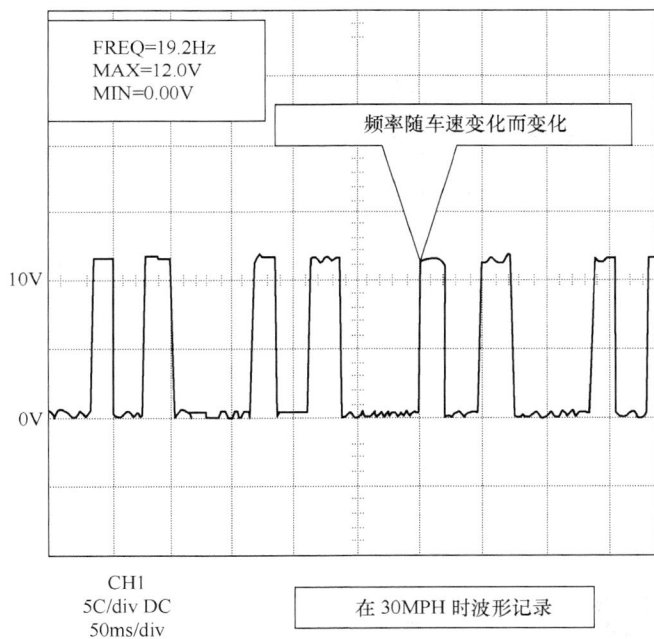

图 5-84　光电式车速传感器原理图

任务实施

一、观察车速传感器的安装位置

操作一：观察五菱小旋风车型车速传感器的安装位置，如图 5-85 所示。

操作二：观察丰田威驰车型车速传感器的安装位置，如图 5-86 所示。

图 5-85　五菱小旋风车速传感器的安装位置图

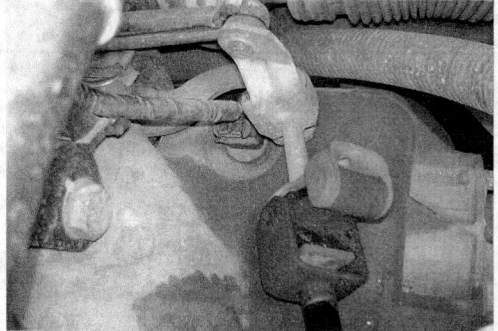

图 5-86　丰田威驰车速传感器的安装位置图

二、对五菱小旋风车型的车速传感器进行检测

（1）用万用表电阻挡检测传感器的电阻，电阻值应符合规定，如图 5-87 所示。

（2）用万用表电压挡检测传感器电路的电源线，电阻值应符合规定，如图 5-88 所示。

图 5-87　五菱小旋风的车速传感器图

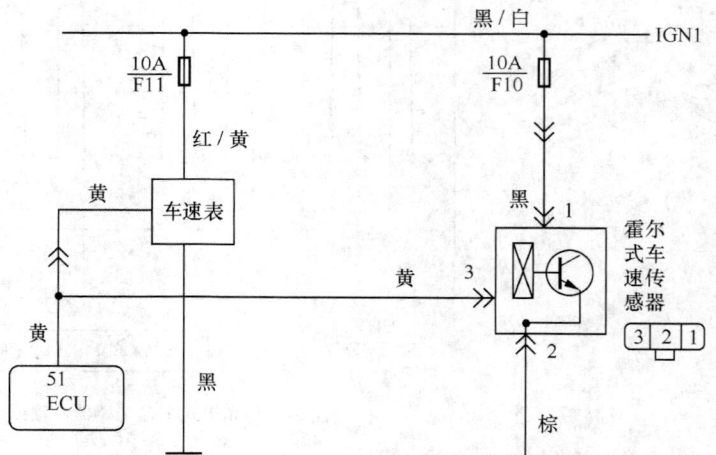

图 5-88　五菱小旋风的车速传感器控制电路图

（3）用诊断仪（KT600）检测传感器的输出波形，波形应符合规定。

当车轮开始转动时，开始产生一连串的信号，脉冲的个数将随着车速增加而增加，如图 5-89 所示。

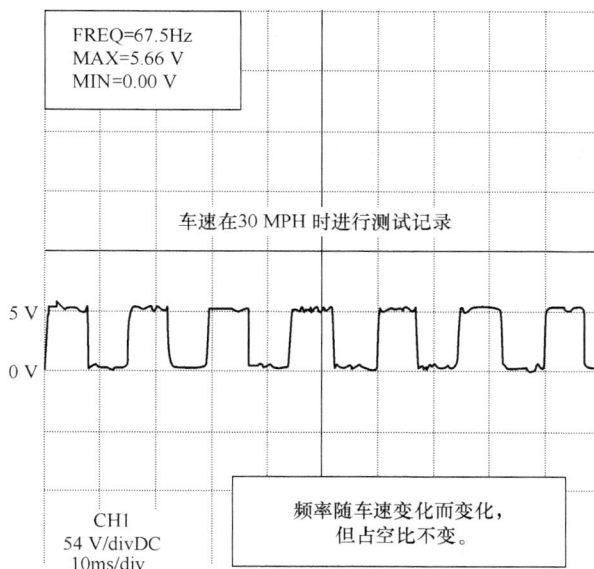

图 5-89 五菱小旋风的车速传感器波形图

备注：

（1）磁电式的两根线分别是电源线 5V，信号线 2V（检测时需用万用表的交流电 2V 挡位），如果是三根线，则第三根为屏蔽线。

（2）霍尔式的三根线为电源线 12V，电源线 5V，还有一根信号线。

任务七 检测 ABS 系统

任务描述

制动防抱死系统（antilock brake system）简称 ABS。作用就是在汽车制动时，自动控制制动器制动力的大小，使车轮不被抱死，处于边滚边滑（滑移率在 20% 左右）的状态，以保证车轮与地面的附着力在最大值。如果 ABS 系统有问题，则会出现紧急制动时，车轮被抱死、制动效果不良、警告灯亮起等故障。所以本任务将介绍汽车防抱死制动系统（ABS）的作用、组成、工作原理、故障诊断与检查方法。

知识准备

一、作用

ABS 全称为制动防抱死系统，自动控制和调节车轮制动力，主要是防止在紧急制动过程中，发生制动跑偏（调头、甩尾）与方向失去控制。

二、结构组成

ABS 由传感器、执行器、控制器等组成，如图 5-90 所示。

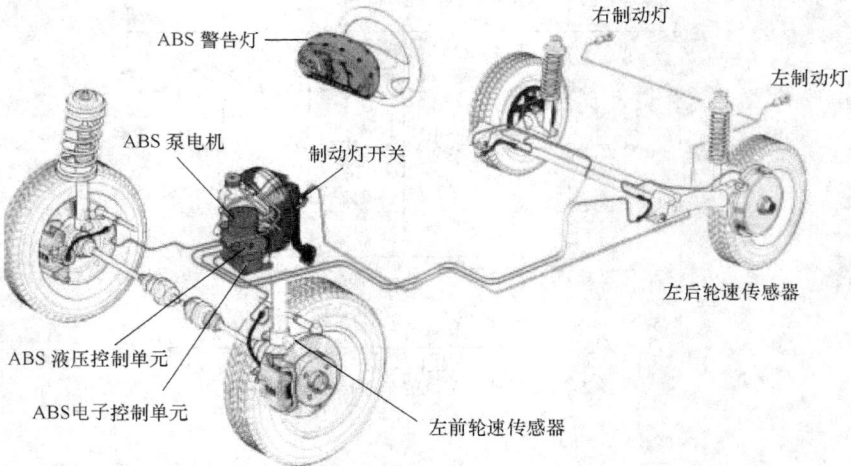

图 5-90　ABS 结构图

ABS系统主要组成		组成原件	元件功能
	传感器	车速传感器	检查车速，给 ECU 提供车速信号，适用于滑移率控制方式
		轮速传感器	检测车轮速度，给 ECU 提供轮速信号，各种控制方式均适用
		减速传感器	检测制动时汽车的减速度，识别是否是冰雪等易滑路面，一般用于四轮驱动控制系统
	执行器	制动压力调节器	受 ECU 控制，在可变容积式制动压力调节器的控制油路中建立控制油压，在制动压力调节器调节压力降低的过程中，将轮缸流出的制动液经蓄能器泵压回主缸，以防止 ABS 工作时制动踏板行程发生变化
		液压泵	接收 ECU 的指令，通过电磁阀的动作实现制动系统压力的增加、保持、减低和增加的全过程
		ABS 警告灯	当 ABS 出现故障时，由 ECU 控制将其点亮，向驾驶员发出报警，并由 ECU 控制闪烁显示故障代码等
	控制器	电子控制单元ECU	接收车速、轮速、减速等传感器的信号，计算出车速、轮速、滑移率和车轮的减速度、加速度，并将这些信号加以分析、判别、放大，由输出级输出控制指令，控制各种执行器工作

三、工作原理

ABS 原理图如图 5-91 所示。

（1）车辆在行驶时，四个轮速传感器检测各车轮转速，并将车轮的转速变成电信号输送到电控单元。

（2）电控单元对轮速传感器送来的信号进行处理，并根据处理结果适时地向执行器发出控制指令。

（3）车辆制动时，制动总泵的制动液直接进入分泵，使车轮制动器产生制动力。

（4）当某个车轮抱死时，电控单元从该轮速传感器中收到抱死的信号，迅速向执行器内的电磁阀发出指令，使制动分泵内的液压降低，减少制动力使车轮滚动，滑移率下降。

（5）当滑移率降低到一定程度时，电控单元向执行器的电磁阀及油泵发出指令，使分泵内的液压升高，制动力增大，待车轮再抱死时迅速进行降压。

车轮将抱死　轮速传感器发出转速信号　ABS系统电控单元判断　向液压调节器发出控制指令　液压调节器控制液压力变化　车轮滑移率控制在20%左右

图 5-91　ABS 原理图

（6）制动防抱死装置以每秒 10～20 次的频率重复上述动作，使车轮的滑移率保持在 15%～20%的范围内，以保证汽车制动时的稳定性和获得最佳的制动效果。

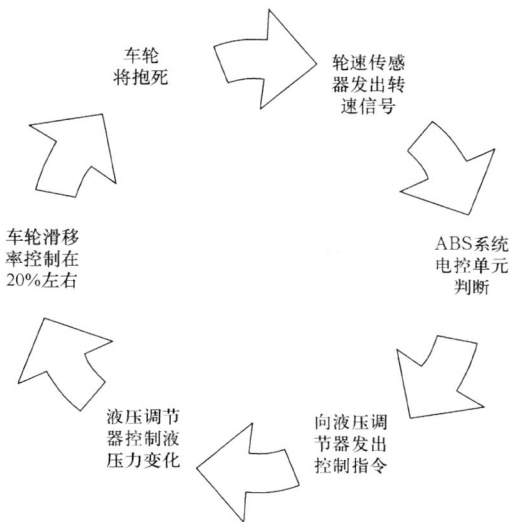

任务实施

一、观察 ABS 系统的结构组成

操作：观察丰田威驰车型 ABS 系统的结构组成。

（1）观察丰田威驰车型轮速传感器位置，如图 5-92 所示。

（2）观察丰田威驰车型制动压力调节器位置，如图 5-93 所示。

（3）观察丰田威驰车型液压泵位置，如图 5-93 所示。

图 5-92　丰田威驰轮速传感器位置图　　　图 5-93　丰田威驰液压泵位置图

（4）打开点火开关，在仪表盘上观察丰田威驰车型 ABS 警告灯位置（仪表盘内），如图 5-94 所示。

二、常见故障及检测

1. 常见故障

（1）紧急制动时，车轮被抱死。

（2）制动效果不良。

（3）警告灯亮起。

（4）ABS 其他不正常故障。

2. 检测步骤

（1）检查 ABS 警告灯，如果 ABS 警告灯点亮，则 ABS 不存在故障码。有时 ABS 警告灯不亮，但制动效果仍不理想，则可能是系统放气不干净或在常规制动系统中存在故障，应检查常规制动系统，如图 5-95 所示。

图 5-94　丰田威驰 ABS 警告灯

图 5-95　丰田威驰 ABS 警告灯

（2）汽车以常规制动方式工作，检查制动功能，如制动不良故障消失，则说明故障在 ABS 系统，应检查 ABS 系统；如制动不良故障依然存在，则为机械故障。

（3）确定为 ABS 故障后，应首先对 ABS 的外观进行检查，检查制动油路、泵及阀有无泄露，导线的接头和插接器有无松脱，保险器是否良好，如图 5-96 所示。

（4）若外观检查正常，应用故障诊断仪或人工调取的方式查询故障代码，检查故障所在。

（5）检查轮速传感器，如图 5-97 所示。

① 直观检查传感器、导线及插接件有无松动。

② 用电阻表检测传感器感应线圈电阻，电阻过大或过小应更换。

③ 用交流电压表测量传感器的输出信号电压，车轮转动时，应为 2V 以上，随转速

的增高而升高。

④ 用诊断仪检测传感器的输出信号电压波形，正常的波形应是均匀稳定的正弦电压波形。

图 5-96　丰田威驰 ABS 图

图 5-97　丰田威驰轮速传感器图

（6）压力调节器的检查

① 用电阻表检查电磁阀线圈的电阻，若电阻无穷大或过小，则电磁阀有故障。

② 加电压实验，将电磁阀加上其工作电压，如不能正常动作，则应更换。

③ 解体后检查。

（7）ABS 控制继电器的检查

① 对继电器施加正常工作电压，若能正常动作，再测继电器触点间的电压和电阻，正常情况下，触点闭合时电压为零。若电压大于 0.5V，说明触点接触不良。

② 继电器线圈电阻应在正常范围内。

注意事项：

（1）不要轻易拆检 ECU 和液压控制器件，如果怀疑其有问题，可用替换法检查。在拆检 ABS 液压控制器件时，应先进行卸压，以免高压油喷出伤人。

卸压方法：关闭点火开关，反复踩制动踏板 20 次以上，直到感觉踩制动踏板力明显增加，变得非常硬时为止。

（2）开始维修前，应关闭点火开关，从蓄电池上拆下接地线。特别注意拔下 ABS 电气插头之前，必须关闭点火开关。

（3）维修 ABS 制动系统完成作业后，按规定加装制动液后，要对系统进行放气。

（4）在试车中，至少进行一次紧急制动。当 ABS 正常工作时，会在制动踏板上感到有反弹，并可感觉到车速迅速降低而且平稳。

随着汽车工业技术的飞速发展，许多技术正在逐步得到应用，特别是汽车电子技术的发展，使得汽车越来越智能化。本项目将介绍汽车的燃烧新技术，定速巡航控制系统，油电混合动力，车载网络总线系统这几个新技术。

知识目标：

◎ 了解电控发动机燃烧新技术。

◎ 了解定速巡航控制系统。

◎ 了解油电混合动力。

◎ 了解车载网络总线系统。

能力目标：

◎ 了解新技术在哪些车型上的应用。

◎ 掌握新技术的使用方法及基本检测方法。

任务一 燃烧新技术

任务描述

燃烧新技术现今主要是指稀薄燃烧技术，它对发动机经济性的提高，减少排放有突出的作用。本任务将讲述稀薄燃烧技术的优缺点以及应用。

知识准备

一、稀薄燃烧技术

稀薄燃烧就是发动机混合气中的汽油含量低，汽油与空气之比可达 1：25 以上。部分负荷工况范围内可实行稀薄燃烧，起动、怠速、加速和全负荷都不能实行稀薄燃烧。

二、采用稀薄燃烧技术的优缺点

1. 优点

（1）对经济性的改善。

随着空燃比的增加，发动机油耗明显下降。这主要来自几个方面的原因：首先是采用稀薄混合气燃烧时循环热效率提高。汽油机的实际循环接近于定容加热循环，从定容加热循环的指示热效率与压缩比和绝热指数的关系可以看到，提高工质的绝热指数和压缩比有利于指示热效率的提高。随着空燃比的提高，空气所占的量增加，因此工质的绝热指数逐渐接近于空气的绝热指数，理论上，在空燃比达到无限大时，热效率达到最大值。另外，由于稀燃混合气燃烧温度低，燃烧产物的离解损失减小，降低了与气缸壁面的传热，也使热效率得以提高。由于稀燃发动机一般不受到高负荷时的爆燃极限的限制，可以采用较高压缩比，这有利于热效率的提高。当采用稀薄混合气燃烧时，由于进入缸内空气的量增加，减小了泵吸损失，这对汽油机部分负荷经济性的改善是很明显的。同时也可以采用变质调节，不用节气门或是小节流，会大大地减小泵吸损失，特别有利于改进部分负荷性能。

（2）对排放的改善。

随着空燃比的增加，采用稀的混合气使燃烧温度降低，NOx 的排放明显减少，同时燃烧产物中的氧成分有利于 HC 和 CO 的氧化，因此，HC 和 CO 的排放也减小。然而，当空燃比增加到一定程度时，燃烧速度的降低可能会使燃烧不完全，HC 的排放会迅速增加。如果能合理地设计紧凑的燃烧室，并组织好空气运动使燃烧在短时间内完成，那么三种排放都可以大大减少。

2. 缺点

（1）排放中产生不良效果。

根据稀燃发动机运转状态，在分层稀薄燃烧到均质理论空燃比燃烧过程中，空燃比连续变化。因此，三元催化转化器不能够净化排放气体中的 NOx。这是因为三元催化转化器要利用排气中的 HC 或 CO 进行 NOx 还原反应的缘故。在稀薄燃烧中，在排放气体中残留很多氧气，不能进行 NOx 还原反应。

（2）设计上的要求。

另外，由于喷射器的加入稀燃发动机对设计和制造的要求都相当的高，如果布置不合理、制造精度达不到要求会导致刚度不足，甚至漏气可能会得不偿失。

（3）燃油的要求。

另外稀燃发动机对燃油品质的要求也比较高。

三、稀薄燃烧技术的种类

1. 均质稀混合气燃烧

这种燃烧方式主要是通过提高玉缩比、改进点火系统以及加强混合气的紊流等来实现的。有代表性的均质稀混合气燃烧系统有梅型火球燃烧室、射流燃烧室等，如图 6-1、图 6-2 所示。

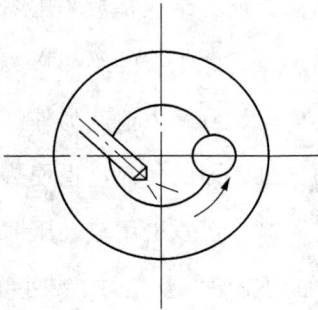

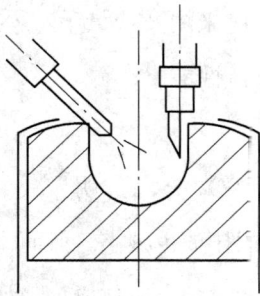

图 6-1　梅型火球燃烧室

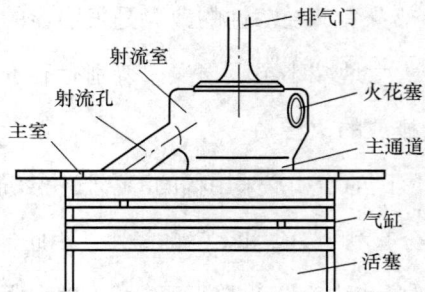

图 6-2　射流燃烧室

2. 分层燃烧

这种燃烧方式主要是通过控制混合气的浓度分布来实现的。在火花塞附近混合气比较浓，空燃比约为 12～13，能保证可靠的点火，在其余大部分区域混合气较稀，空燃比在 20 以上。

3. 混合燃烧

混合燃烧方式是将发动机分为高负荷和低负荷区，在低负荷区使用分层燃烧，在高负荷区仍然利用常规燃烧。

四、实现稀薄燃烧的关键技术

1. 提高压缩比

采用紧凑型燃烧室，改进进气口位置使缸内形成较强的空气运动旋流，提高气流速度；

将火花塞置于燃烧室中央，缩短点火距离；提高压缩比至 13：1 左右，促使燃烧速度加快。

2．分层燃烧

如果稀燃技术的混合比达到 25：1 以上，按照常规这是无法点燃的，因此必须采用由浓至稀的分层燃烧方式。通过缸内空气的运动在火花塞周围形成易于点火的浓混合气，混合比达到 12：1 左右，外层逐渐稀薄。浓混合气点燃后，燃烧迅速波及外层。为了提高燃烧的稳定性，降低氮氧化物，现在采用燃油喷射定时与分段喷射技术，即将喷油分成两个阶段，进气初期喷油，燃油首先进入缸内下部随后在缸内均匀分布，进气后期喷油，浓混合气在缸内上部聚集在火花塞四周被点燃，实现分层燃烧。

3．高能点火

高能点火和宽间隙火花塞有利于火核形成，火焰传播距离缩短，燃烧速度增快，稀燃极限大。有些稀燃发动机采用双火花塞或者多极火花塞装置来达到上述目的。

任务实施

了解采用燃烧新技术的车型

操作一：了解三菱缸内喷注汽油机，并通过网络查询此技术应用在三菱哪些车型上。

比较著名的三菱缸内喷注汽油机（GDI），可令混合比达到 40:1。它采用立式吸气口方式，气缸盖上方吸气的独特方式产生强大的下沉气流。这种下沉气流在弯曲顶面活塞附近得到加强并在气缸内形成纵向涡旋转流。在高压旋转喷注器的作用下，压缩过程后期直接喷注进气缸内的燃料形成浓密的喷雾，喷雾在弯曲顶面活塞的顶面空间中不是扩散而是气化。这种混合气被纵向涡旋转流带到火花塞附近，在火花塞四周形成较浓的层状混合状态。这种混合状态虽从燃烧室整体来看十分稀薄，但由于呈现从浓厚到稀薄的层状分布，因此能保证点火并实现稳定燃烧。

操作二：了解大众直喷汽油发动机，并通过网络查询此技术应用在大众哪些车型上。

大众的直喷汽油发动机（FSI），则采用了一个高压泵，汽油通过一个分流轨道（共轨）到达电磁控制的高压喷射气门。它的特点是在进气道中已经产生可变涡流，使进气流形成最佳的涡流形态进入燃烧室内，以分层填充的方式推动，使混合气体集中在位于燃烧室中央的火花塞周围。

操作三：了解本田 VTEC 发动机，并通过网络查询此技术应用在本田哪些车型上。

本田最新的 VTEC 发动机也将采用稀燃技术。这款取名为 VTEC-i 2.0L 发动机将比一般本田发动机省油 20%。其特点是将 VTEC 技术与稀燃技术相结合，当低转速时令其中一组进气门关闭，燃烧室内形成一道稀薄的混合气体涡流，层状分布集结在火花塞周围作点燃引爆，从而起到稀薄燃烧作用。

任务二　定速巡航控制系统

任务描述

定速巡航控制系统可以按照驾驶者的需求进行车辆时速的锁定，不用踩油门踏板就可自动保持一个固定时速行驶。当行驶在高速公路上时，驾驶者可有效地减轻身体疲劳，而车辆在均速行驶下还能节省燃油消耗。本任务将讲述定速巡航控制系统的功能、原理及基本的检测方法。

知识准备

一、简介

定速巡航系统（Cruise Control System）缩写为 CCS，又称为定速巡航行驶装置、速度控制系统、自动驾驶系统等。它是一种利用电子控制技术保持汽车自动等速行驶的系统，如图 6-3 所示。

二、功能

这种巡航控制系统有巡航定速、巡航加速、巡航减速、巡航解除、定速恢复、巡航开关等功能。

1. 定速巡航。

图 6-3　定速巡航系统

将控制手柄开关拨到"ON"位置后，即可在 40km/h 以上的任何速度按住（SET/ACC）键 1s 设定巡航车速，进入巡航状态（无需踩油门，车辆即可按设定的速度巡航）。

2. 巡航加速。

在巡航状态下，每按住（SET/ACC）键半秒钟时速可以增加 1km。也可一直按住（SET/ACC）键，车速会自动缓缓提升，直至适合的速度再松开按键。此外，在定速巡航状态下可以直接踩油门加速，当松于油门后，车速将缓缓回复到先前设定的巡航速度。

3. 巡航减速。

在巡航状态下，每按住（RES/DEC）键半秒钟时速可以降低 1km。也可一直按住（RES/DEC）键，车速会自动缓缓下降，直至适合的速度再松开按键。

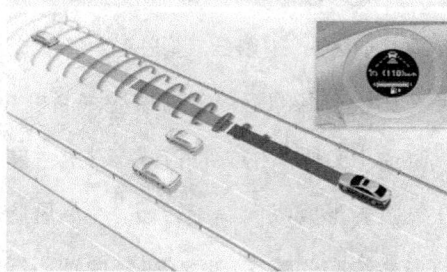

4. 定速解除。

在巡航状态下，轻轻踩下制动，便可解除定速。

5. 定速恢复。

解除定速后，只要按住（RES/DEC）键1s，不用踩油门，车速即可自动恢复到定速解除之前的巡航速度。

6. 巡航开关如图6-4所示。

（1）巡航开/关开关

用于开启或关闭巡航功能。原先记录的目标巡航车速将在巡航功能关闭后丢失。

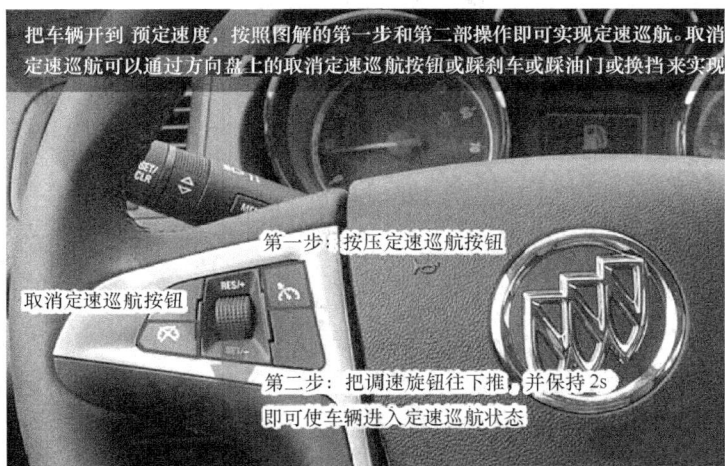

把车辆开到 预定速度，按照图解的第一步和第二部操作即可实现定速巡航。取消定速巡航可以通过方向盘上的取消定速巡航按钮或踩刹车或踩油门或换挡来实现

第一步：按压定速巡航按钮

取消定速巡航按钮

第二步：把调速旋钮往下推，并保持2s 即可使车辆进入定速巡航状态

图6-4 巡航控制开关功能图

（2）巡航设置/减少开关

用于开启巡航车速设置功能或减少目标巡航车速。开关具有机械自恢复功能。

（3）巡航恢复/增加开关

用于开启巡航车速恢复功能或增加目标巡航车速。开关具有机械自恢复功能。

（4）每隔50ms，BCM（车身控制器）检测并记录巡航开关状态。

三、分类

目前定速巡航主要分为三大类：

（1）机械拉线式定速巡航器，适用于油门控制方式下采用机械拉线式控制的车辆；

（2）电子式定速巡航器，适用于油门控制方式下采用电子式控制的车辆；

（3）电子智能式多功能定速巡航系统，适用于油门控制方式下采用电子式控制的车辆。

四、结构原理

1. 结构

主要由控制开关、传感器、控制组件（巡航电脑 ECU）、伺服器（执行机构）等组成。

2. 原理

巡航控制组件读取车速传感器发来的脉冲信号与设定的速度进行比较，从而发出指令由伺服器机械来调整节气门开度的增大或减小，以使车辆始终保持所设定的速度。

任务实施

一、观察别克君威车型的定速巡航系统的结构组成

（1）观察定速巡航系统控制开关位置，如图 6-5 所示。

（2）观察车速传感器位置，如图 6-6 所示。

图 6-5　控制开关

图 6-6　车速传感器

（3）观察节气门及节气门位置传感器位置，如图 6-7 所示。

（4）观察定速巡航系统电脑 ECU 位置，如图 6-8 所示。

图 6-7　节气门及节气门位置传感器

图 6-8　巡航电脑 ECU

（5）观察制动开关位置，如图 6-9 所示。

图 6-9　制动开关

二、巡航控制系统的故障及检修

操作一：按下巡航开关时，巡航控制系统不工作。

（1）检测驱动电动机电路是否有短路、断路现象。

（2）检测电磁离合器电路是否有短路、断路现象。

（3）检测节气门位置传感器电路是否有短路、断路现象。

（4）检测车速传感器是否有短路、短路现象。

（5）检测驱动控制开关电路是否有短路、断路现象。

（6）检测制动灯开关电路是否有短路、断路现象。

（7）检测巡航控制模块是否有损坏。

操作二：当按下巡航控制开关加速挡、恢复挡时，巡航系统无反应。

（1）检测巡航电缆是否有黏结现象。

（2）检测车速传感器是否短路、断路现象。

（3）检测控制开关电路是否有短路、断路现象。

（4）检测节气门位置传感器是否损坏。

（5）检测巡航模块是否损坏。

操作三：当汽车处于巡航时，断开巡航控制时，系统依然工作。

（1）检测制动灯开关电路是否有短路、断路现象。

（2）检测控制开关电路是否有短路、断路现象。

（3）检测节气门位置传感器是否损坏。

（4）检测巡航模块是否损坏。

任务三 油电混合动力概述

任务描述

混合动力汽车的燃油经济性能高，而且行驶性能优越。混合动力汽车的发动机要使用燃油，在起步、加速时，由于有电动马达的辅助，所以可以降低油耗，简单地说，就是与同样大小的汽车相比，燃油费用更低。本任务主要讲述油电混合动力的优缺点、工作原理，以使更好地认识了解油电混合动力的车型。

知识准备

一、概念

通常所说的混合动力一般是指油电混合动力，即燃料（汽油，柴油）和电能的混合。混合动力汽车是由电动马达作为发动机的辅助动力来驱动汽车。而且，辅助发动机的电动马达可以在起动的瞬间产生强大的扭矩，因此，车主可以享受更强劲的起步、加速。同时，还能实现较高水平的燃油经济性。

二、优点

（1）采用复合动力后可按平均需用的功率来确定内燃机的最大功率，此时汽车处于油耗低、污染少的最优工况下工作。需要大功率而内燃机功率不足时，由电池来补充；负荷小时，富余的功率可发电给电池充电，由于内燃机可持续工作，电池就可以不断得到充电，故其行程较普通汽车更长。

（2）因为有了电池，可以十分方便地回收制动时、下坡时、怠速时的能量。

（3）在繁华市区，可关停内燃机，由电池单独驱动，实现"零"排放。

（4）有了内燃机可以十分方便地解决耗能大的空调，取暖，除霜等纯电动汽车遇到的难题。

（5）可以利用现有的加油站加油，不必再投资。

（6）可让电池保持在良好的工作状态，不发生过充、过放，延长其使用寿命，降低成本。

三、结构组成

油电混合动力汽车除了一般汽车结构组成外，另增加有电动马达、高压线束、高压电池组、增程燃油箱、增程发电机模块、电能管理模块等结构，如图6-10所示。

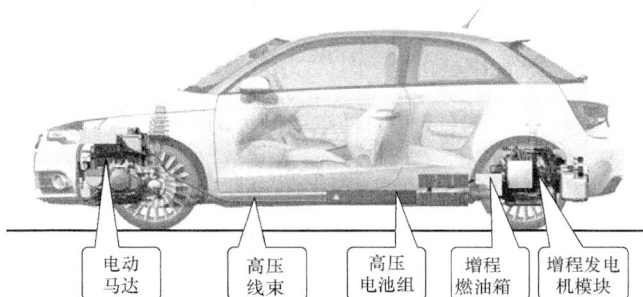

图6-10　油电混合动力汽车结构组成

四、分类及工作原理

（1）根据混合动力驱动的联结方式，系统主要分为以下三类。

① 串联式混合动力汽车（SHEV），如图6-11所示。

SHEV是由发动机、发电机和驱动电动机三大动力总成组成。在车辆行驶之初，蓄电池组处于电量饱和状态，其能量输出可以满足车辆要求，辅助动力系统不需要工作。蓄电池输出的直流电经控制器变为交流电后供给驱动电动机，驱动电动机输出的转矩经变速器、传动轴及驱动桥驱动车轮。蓄电池组电量低于60%时，辅助动力系统起动，它为驱动系统提供能量的同时，还给蓄电池组进行充电。当车辆能量需求较大时，辅助动力系统与蓄电池组同时为驱动系统提供能量，发动机-发电机组产生的交流电经整流器变为直流电和电池输出的直流电经控制器变为交流电后供给驱动电动机。

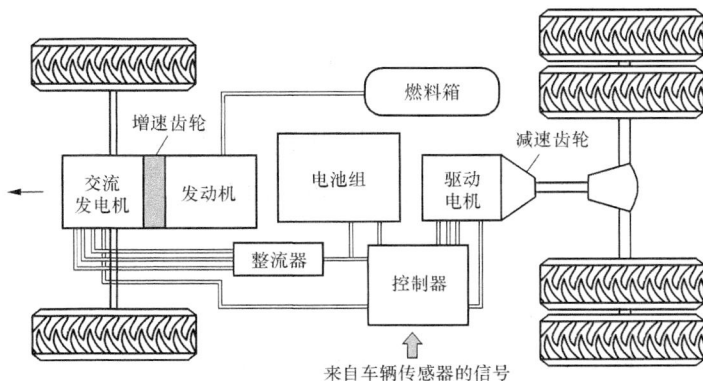

图6-11　串联式混合动力汽车结构

② 并联式混合动力汽车（PHEV），如图 6-12 所示。

PHEV 是由发动机与电动机、发动机或驱动电机两大动力总成组成。如图 6-12 所示，它们采用"并联"的方式组成驱动系统。电动机的动力要与车辆驱动系统相结合，结合方式有：ⓐ在发动机输出轴处进行组合；ⓑ在变速器（包括驱动桥）处进行组合；ⓒ在驱动桥处进行组合。左图是一种电动机动力在驱动轮处进行组合的驱动轮动力组合式 PHEV，其驱动模式为：ⓐ以发动机驱动为基本驱动模式，独立驱动后驱动轮；ⓑ驱动电动机为辅助驱动模式，能独立驱动前驱动轮。在混合驱动时，发动机驱动的后轮动力与驱动电机驱动的前轮动力进行组合，成为混合四驱动模式。

③ 混联式混合动力汽车（PSHEV），如图 6-13 所示。

PSHEV 是综合 SHEV 和 PHEV 结构特点组成的，由发动机、电动机或发动机和驱动电机三大动力总成组成。电动机的动力要与车辆驱动系统相适合，可以在变速器（包括驱动桥）处进行组合，也可以在驱动轮处进行组合。图 6-13 是一种发动机的动力与驱动电动机的动力在驱动轮处进行组合的方式，其驱动模式为：ⓐ以发动机驱动为基本驱动模式，带动电动机/发动机，并独立驱动后驱动轮；ⓑ以驱动电动机为辅助驱动模式，能独立驱动前驱动轮。在混合驱动时，发动机驱动的后轮动力与驱动电动机驱动的前轮动力进行组合，成为混合四轮驱动模式。

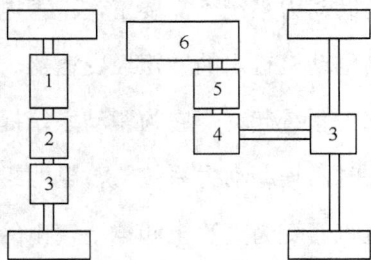

图 6-12 并联式混合动力汽车结构

1—发动机；2—电动机；3—机械传动系统；
4—驱动电动机；5—逆变器；6—蓄电池组

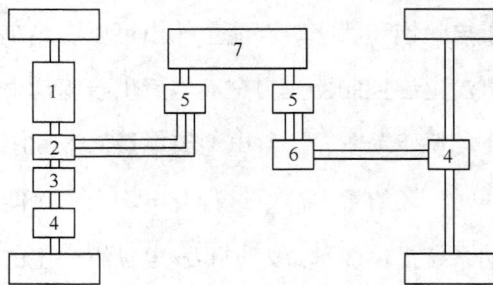

图 6-13 混联式混合动力汽车结构

1—发动机；2—电动机；3—变速器或减速器；
4—驱动桥；5—逆变器；6—驱动电动机；7—蓄电池组

（2）根据在混合动力系统中，电机的输出功率在整个系统输出功率中占的比重，也就是常说的混合度的不同，混合动力系统还可以分为以下四类。

① 微混合动力，如图 6-14 所示。

这种混合动力系统在传统内燃机的起动电机（一般为 12V）上加装了皮带驱动启动电机（也就是常说的 Belt-alternator Starter Generator，简称 BSG 系统）。该电机为发电起动（Stop-Start）一体式电动机，用来控制发动机的起动和停止，从而取消了发动机的怠速，降低了油耗和排放，但是它的电机并没有为汽车行驶提供持续的动力。

② 中度混合动力，如图 6-15 所示。

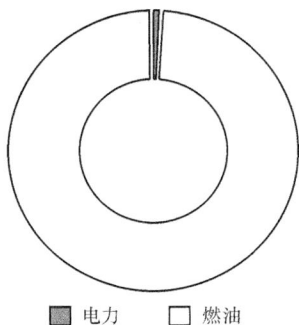

图 6-14　采用微混合动力 BSG 系统的
代表车型节油效果可达 10%左右

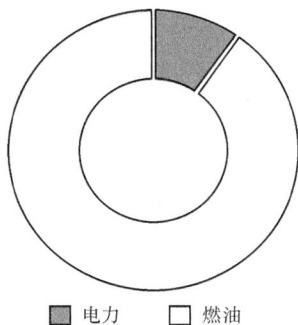

图 6-15　采用中度混合动力 ISG 系统
的代表车型节油效果可达 20%左右

该混合动力系统同样采用了 ISG 系统。与轻度混合动力系统不同，中混合动力系统采用的是高压电机。另外，中混合动力系统还增加了一个功能是在汽车处于加速或者大负荷工况时，电动机能够辅助驱动车轮，补充发动机本身动力输出的不足，从而更好地提高整车的性能。这种系统的混合程度较高，目前技术已经成熟，应用广泛。

③ 全混合动力，如图 6-16 所示。

该系统采用了 272～650V 的高压起动电机。通过车载电池供电，电动机可以在起动或巡航过程中，单独驱动车辆行驶，在加速或者电池能量不足的情况下，再由内燃机单独或者联合电动机驱动车辆。与中混合动力系统相比，完全混合动力系统的混合度更高。技术的发展将使得完全混合动力系统逐渐成为混合动力技术的主要发展方向。

④ 插电混合动力，如图 6-17 所示。

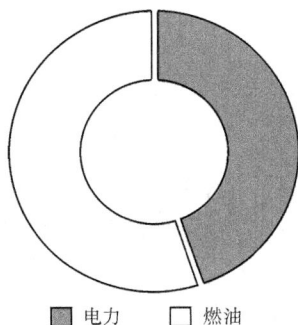

图 6-16　采用全混合动力的
代表车型节油效果可达 40%左右

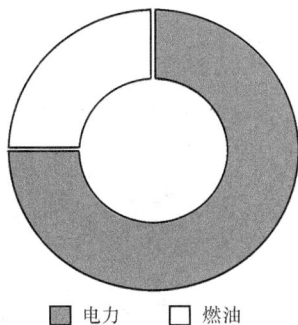

图 6-17　采用全混合动力的代
表车型节油效果可达 70%左右

插电式混合动力系统，是一种将纯电动系统和现有混合动力系统相结合的产物。由于车辆带有外接插入式充电系统，车辆可以利用电动机行驶较长的距离，将内燃机的工作比例进一步缩小，提供更好的节油比例，但会消耗一定的电能。同时，又解决了目前纯电动汽车巡航里程短的问题。由于电池技术的发展，插电式混合动力仅仅是一种过渡方案。

任务实施

利用网络查询哪些车型采用了油电混合动力

操作一：采用微混合动力 BSG 系统的代表车型为奇瑞 A5，查询还有哪些其他车型采用微混合动力，如图 6-18 所示。

操作二：采用中度混合动力 ISG 系统的代表车型为中华尊驰，查询还有哪些其他车型采用中度混合动力，如图 6-19 所示。

图 6-18　微混合动力 BSG 系统的代表车型奇瑞 A5　　　图 6-19　采用中度混合动力 ISG 系统的代表车型中华尊驰

操作三：采用全混合动力的代表车型为一汽丰田普锐斯，查询还有哪些其他车型采用全混合动力，如图 6-20 所示。

操作四：采用插电混合动力的代表车型为荣威 550，查询还有哪些其他车型采用插电混合动力，如图 6-21 所示。

图 6-20　采用全混合动力的代表车型—汽丰田普锐斯　　　图 6-21　采用插电混合动力的代表车型荣威 550

任务四 车载网络总线系统

任务描述

随着汽车工业日新月异的发展，现代汽车上使用了大量的电子控制装置，许多中高档轿车上采用了十几个甚至二十几个电控单元。

而每一个电控单元都需要与相关的多个传感器和执行器进行通信，并且各控制单元间也需要进行信息交换。

如果每项信息都通过各自独立的数据线进行传输，这样会导致电控单元针脚数增加，整个电控系统的线束和插接件也会增加，故障率也会增加等诸多问题。为了简化线路，提高各电控单元之间的通信速度，降低故障频率，一种新型的数据网络 CAN 数据总线应运而生。本任务将讲述车载网络总线的结构原理。

知识准备

车载网络总线系统原理

1. 控制单元的作用与分布

当今汽车的电子控制越来越多，例如电子燃油喷射装置、ABS 装置、安全气囊装置、电动门窗、主动悬架等。同时遍布于车身的各种传感器实时监测着车辆的状态，并将此信息发送至相对应的控制单元内，如图 6-22 所示。

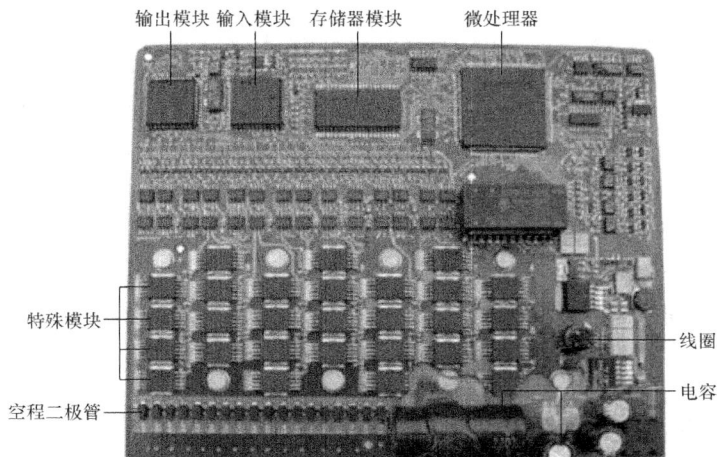

输出模块 输入模块 存储器模块 微处理器

特殊模块

空程二极管

线圈

电容

图 6-22 控制单元

车身上的控制单元有很多，每个控制单元都可看做一台独立的电脑，它可以接受信息，同时能对各种信息进行处理、分析，然后发出一个指令。比如发动机控制单元会接受来自进气压力传感器、发动机温度传感器、油门踏板位置传感器、发动机转速传感器等的信息，在经过分析和处理后会发送相应的指令来控制喷油嘴的喷油量、点火提前角等，其他控制单元的工作原理也都类似，如图6-23所示。

2. 控制单元的数据传递方式

车身上的这些控制单元并不是独立工作的，它们作为一个整体，需要信息的共享，那么这就存在一个信息传递的问题。比如发动机控制单元内的发动机转速与油门踏板位置这

图 6-23　车身上各种控制单元的分布图

两个信号也需要传递给自动变速器的控制单元，然后自动变速器控制单元会据此来发出升挡和降挡的操作指令。

目前在车辆上应用的信息传递形式有两种。第一种是每种信息都通过各自独立的数据线进行交换。比如两个控制单元间有 5 种信息需要传递，那么则需要 5 根独立的数据线。也就是说信息的种类越多，数据线的数量和控制单元的针脚数也会相应增加。这些复杂繁多的线束无疑会增加车身重量，也为整车的布线带来一定困难，如图 6-24 所示。

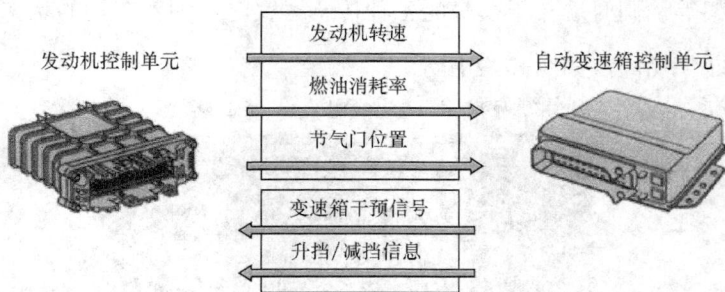

图 6-24　每项信息都通过各自独立的数据线进行交换

第二种方式是控制单元之间的所有信息都通过两根数据线进行交换，这种数据线也叫CAN 数据总线。通过该种方式，所有的信息，不管信息容量的大小，都可以通过这两根数据线进行传递。这种方式充分地提高了整个系统的运行效率，可以大大减少汽车上电线的数量，同时也简化了整车的布线，如图 6-25 所示。

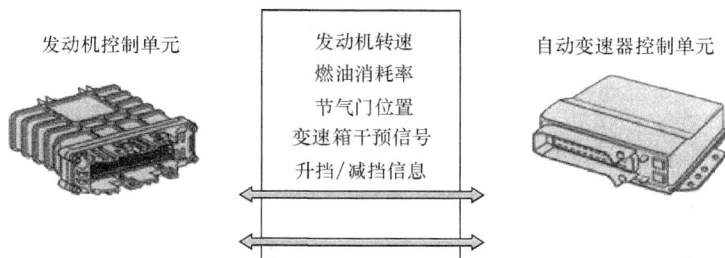

图 6-25　所有信息都通过两根数据线进行交换

3. 车载网络总线（CAN 总线）

在了解到两个控制单元是通过两根数据线来进行信息交换的基础上，我们可以将其推而广之，多个控制单元之间的通信其实就是将每个控制单元都连接到这两条 CAN 总线上，从而实现多个控制单元间的信息共享，如图 6-26 所示。

目前汽车上的 CAN 总线连接方式主要有两种，一种是用于驱动系统的高速 CAN 总线，速率可达到 500kb/s，另一种是用于车身系统的低速 CAN 总线，速率为 100kb/s。高速 CAN 总线主要连接发动机控制单元、ABS 控制单元、安全气囊控制单元、组合仪表等这些与汽车行驶直接相关的系统。这些系统由于信息传递量较大而且对于信息传递的速度有很高的要求，所以则需要高速 CAN 总线来满足其信息传递的需要。车身系统的 CAN 总线主要连接像中控锁、电动门窗、后视镜、车内照明灯等对数据传输速率要求不高的车身舒适系统上。

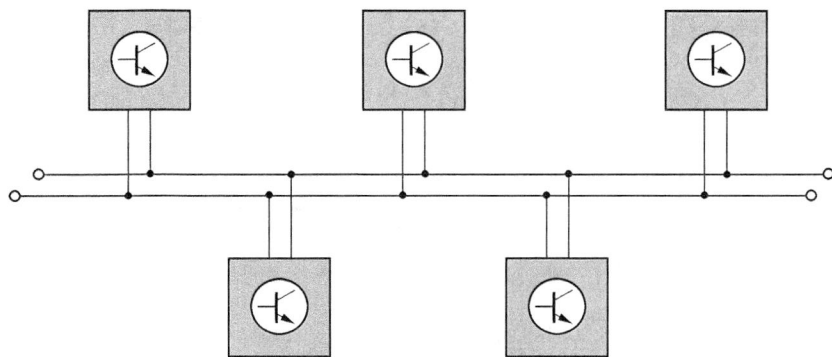

图 6-26　多个控制单元间的信息传递

4. 车载网络总线系统（CAN-BUS）

总线系统又称作 CAN-BUS，其实也是因为它的工作原理与运行中的公共汽车很类似。其中每个站点相当于一个控制单元，而行驶路线则是 CAN 总线，CAN 总线上传递的是数据，而公共汽车上承载的是乘客。某个控制单元接收到负责向它发送数据的传感器的信息后，经过分析处理会采取相应措施，并将此信息发送到总线系统上。这样此信息会在总线系统上进行传递，每个与总线系统连接的控制单元都会接收到此信息，如果此信息对自己有用则会存储下来，如果对其无用，则会忽略，如图 6-27 所示。

5. 车载网络总线系统（CAN-BUS）原理

车载网络系统中有一个重要的控制单元就是"网关"，它同时连接多种不同的 CAN 数据总线，并在传递数据时起翻译作用。比如从属于驱动总线系统的室外温度传感器将检测到的温度信号发送给仪表盘控制单元，然后仪表板控制单元会将此信号发送到驱动总线系统上，该信号会被发动机控制单元采集到，同时会经过网关的"翻译"继续传递到车身总线系统上。而从属于车身总线系统上的自动空调控制单元会收到此信号，并据此作出加大制冷量或者减小吹风量等动作，这样的一个过程体现了整个车载网络的信息共享，如图 6-28、图 6-29 所示。

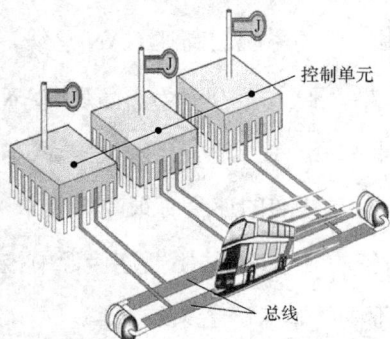

图 6-27　CAN-BUS 系统图

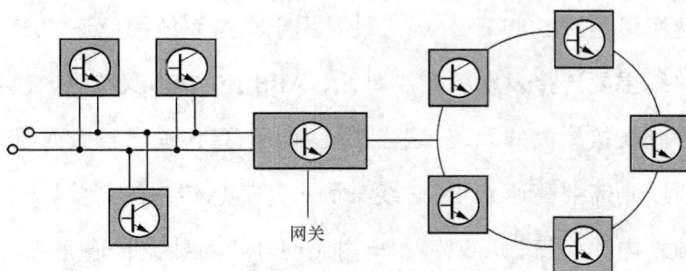

图 6-28　不同的总线系统通过网关来进行信息的交换与传递

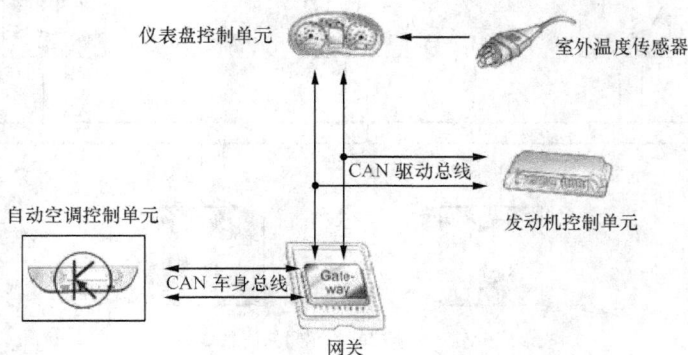

图 6-29　网关在车载网络中起到的"翻译"作用

任务实施

车载网络总线系统（CAN-BUS）常见故障与检修

引起汽车车载网络总线系统故障的原因有电源系统故障、车载网络信息传输系统的链路

（或通信线路）故障、车载网络信息传输系统的节点（电控模块）故障。

操作一：车载网络电源系统故障。

1. 原因

汽车车载网络信息传输系统的核心部分是含有通信 IC 芯片的电控模块（ECM），电控模块的正常工作电压为 10.1~15.0V。如果汽车电源系统提供的工作电压低于该范围，就会造成一些对工作电压要求高的电控模块出现短暂的停工，从而使整个汽车多路信息传输系统出现短暂无法通信的现象。

2. 检测

检测蓄电池、发电机、供电线路、熔断丝等元器件是否有故障。

操作二：车载网络节点故障。

1. 原因

节点是汽车车载网络信息传输系统中的电控模块，因此节点故障就是电控模块的故障。它包括软件故障和硬件故障两类。软件故障，即传输协议和软件程序有缺陷或冲突，从而使汽车多路信息传输系统通信出现混乱或无法工作，这种故障一般成批出现，且无法维修。硬件故障，一般由于通信芯片或集成电路故障，造成汽车多路信息传输系统无法正常工作。对于采用低版本信息传输协议，即点到点信息传输协议的汽车多路信息系统，如果有节点故障，将出现整个汽车多路信息传输系统无法工作的现象。

2. 检测

检测各类控制单元、传感器等元器件是否有故障。

操作三：检测车载网络链路故障。

1. 原因

当汽车车载网络信息传输系统的链路（或通信线路）出现故障时，如通信线路的短路、断路，以及线路物理性质引起的通信信号衰弱或失真，都会引起多个电控单元无法工作或电控系统错误，使多路信息传输系统无法工作。

2. 检测

检测通信线路是否短路、断路，以及线路物理性质是否引起通信信号衰弱或失真。